京都橘大学教授

池田 修

作文指導を変える

つまずきの本質から迫る実践法

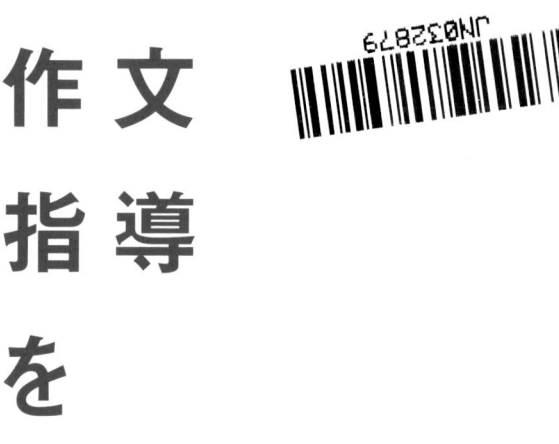

明治図書

はじめに

指導する先生が，作文の指導の仕方を知らない

「作文って楽しいね」

　1人でも多くの児童・生徒が，この言葉を言えるように[*1]
なってほしい。このような作文の授業を作り出せるように
と，大学で学生たちを指導しています。

　しかし，作文の指導は難しいものです。理由はいくつか
あります。ありますが，最大の理由は，作文の指導の仕方
を指導者が知らないことでしょう。

　私は，教員免許更新講習で「体験作文の書き方」という
講座を担当してきました。その講習では，受講した延べ
400人以上の先生方にアンケートを取ってきました。その
結果，作文の書き方や，作文の指導の仕方を，大学や研修
で習ったことがあるという先生には，お会いすることはあ
りませんでした。

　教師の仕事のメインは，授業をすることです。その授業
では，習うものに関して「つまらない，分からない，でき
ない」という思いをもっている子供が，「面白い，分かっ
た，できた」になるように指導していきます。

＊1　児童・生徒のことを本書では，以下，子供と表記します。

授業では，泳げなかった子供が泳げるようになり，解けなかった問題が解けるようになり，歌えなかった歌が歌えるようになります。これは，指導者である教師が指導の方法を身につけているから可能になります。しかし，作文は指導者が指導の方法を知らないまま，指導しているという実態があきらかになりました。これはかなり問題ではないでしょうか。

　また，面白い事実もあります。子供たちは，必ずと言っていいほど行事の後などに作文を書かされます。ところが，平成10年，平成20年，平成29年度版の，約30年間の小学校・中学校の学習指導要領には，「作文」という言葉は出てきません。それはなぜでしょうか。この解説は，本書の「学校でなぜ『作文』をするのか」でしていきます。そこにたどり着くまで少しお考えください。

「じゃあ，あなたは最初から作文の指導ができたの?」

…と思われるかもしれません。中学校の教員になった時，作文の指導法は，私もよく分かりませんでした。国語の教師なのに？ではなく，国語の教師だからだと考えています。

　国語の教師になるには，国語が好きで国語ができることが必須です。小・中学校レベルの国語は，授業で教わらなくてもできる力をすでにもっています。作文も書けます。
　そんな私が中学校の教師になった時，子供に国語に関し

て何が分からないかを確認すると, (え, そんなところが分からないの?!) ということがたくさんあったわけです。

そこから, 私の作文指導の修行が始まりました

　作文なんて指導を受けなくても書けていた私は, 自分がどうやって書けているのかをメタ認知する必要がありました。また, 子供たちの実態を観察し, 問題を発見し, 解決するための指導方法を開発することをしていきました。

　私が児童・生徒・学生の頃は, 自分自身では無自覚のまま, 言語化されることなく, 作文を割とうまく書き上げていました。しかし, 教師は, それを言語化して, 子供たちに説明できて, 子供たちが書けるようにできなければなりません。それが教師の仕事だからです。

　本書は, 私が中学生への作文指導をどう開発してきたのかの過程に従って書き進めていきます。どうぞ, お付き合いください。

　なお, GIGA スクール時代である今, 子供たちの手元に文章作成のためのディバイスがあるのに, これを活用しないのは非常にもったいないと思います。本書は手書きの作文指導をベースに書いています。しかし, 本書で説明していることは, 様々なディバイスを使って作文をする時にも活用ができます。手書きにこだわることなくご活用ください。

演習1

　では，早速演習を始めていきましょう。原稿用紙を用意してください。以下の指示に従って，作文を書きます。これは誰に見せる必要もありませんから，安心して書いてください。この後，作文の指導方法を考えていく上で大事な資料になります。書いて，取っておいてください。

① 「まずは書いてみてください。テーマは，『夏休み』。時間は5分です。しっかり書いてください。終わらなかったら宿題ですよ。では，どうぞ」

執筆中

② 「5分です。やめてください。では，隣の人と交換して読み合ってください。嘘です。やらなくていいです。これで演習を終わります」

演習2

①演習1で出された指示で，（それはちょっとおかしいんじゃないの？）と思った指示がありましたら，それを原稿用紙の裏側に書き出してください。いくつ書き出しても結構です。

　準備は整いました。さあ，体験作文の指導の仕方について，学んでいきましょう。

　本書を読み終えた時，みなさんが，
（ああ，早く子供たちに作文指導をしてみたい）
という思いになられたならば，私は幸せです。
　そして，みなさんの教室から
「先生，作文って楽しいね！」
という声がたくさん聞こえることを願っています。

　2023年1月

池田　修

CONTENTS

対策編 作文指導を変える実践法

対策❶ アイデア出しを支援する

対策❷　書き始めを指示する

対策❸　作業の流れを明示する

対策❹　作業の目的・読者を設定する

アイ
デア_編

今すぐ使える指導アイデア

トを教える／「作文は料理に似ている?!」の流れに従って書く／アウトライナーやエディター／音声入力／校正／完成したら，共同編集して電子ブックに／共同編集／共同編集の注意点／電子ブックにする／DTP にも挑戦する

本書で紹介している「イメージの花火」のワークシート（p.68）データは，右の QR コードよりダウンロードしてご使用いただけます。

URL：http://meijitosho.co.jp/283210#supportinfo
ユーザー名（半角数字）：283210　　パスワード：firework

※本書内で紹介している外部リンクはすべて執筆時点での情報です。

見直し編

作文指導の
つまずきに迫る

学校でなぜ「作文」をするのか?

1

　小・中学校の作文は，国語の授業で書かせる作文の他に，行事の後に書かせる作文が多くあります。何かを体験した後に文章に残すという作文が多くあります。これを本書では「体験作文」と呼ぶことにします。

　なぜ，行事の後に体験作文を書くのでしょうか。それは，学習指導要領の特別活動に次の規定があるからなのです。

作文は，振り返り指導の一環

　平成29年度版「中学校学習指導要領」第5章特別活動，第2［学校行事］3の(1)には，次の記述があります（下線部は筆者）。

(1)　生徒や学校，地域の実態に応じて，2に示す行事の種類ごとに，行事及びその内容を重点化するとともに，各行事の趣旨を生かした上で，行事間の関連や統合を図るなど精選して実施すること。また，実施に当たっては，自然体験や社会体験などの体験活動を充実するとともに，**体験活動を通して気付いた**

> ことなどを振り返り，まとめたり，発表し合ったり
> するなどの事後の活動を充実すること。[*1]

　この「振り返り」は，「作文をしなさい」とは示しては
いません。寸劇を作ったり，写真集を作ったり，GIGA ス
クール時代ですから動画を作成したりしてもよいはずです。
しかし，日本の学校は，伝統的に作文を使って振り返りを
していることが多いのではないでしょうか。

　とは言うものの，この作文を使った振り返りは，実はさ
ほど機能していないのではないかと私は考えています。機
能していない振り返りのために，子供たちは書かされてい
るというのが実態ではないでしょうか。

　では，どうしたらいいのでしょうか。ここは，本書の
「実践法7」で述べる予定です。ですが，あらかじめ結論
を申し上げると，この対策こそが，体験作文指導の肝にな
ります。私の指導の経験では，これがあるから子供たちは，
いや，大学生までもが

「また，作文が書きたい！」

となります。何だと思いますか。これもまたお考えいただ
きながら，読み進まれますように。

---

* 1　平成29年度版小学校学習指導要領では，第6章の第2〔学校行事〕の3
　　「内容の取扱い」の(1)で，同様に「体験活動を通して気付いたことなどを
　　振り返り，まとめたり，発表し合ったりするなどの事後の活動を充実する
　　こと。」とあります。

学習権とは，読み書きの権利である

（学習指導要領にあるから書かされるのか。やれやれ）

（書きたくもない文章を書かされたら，ますます文章アレルギーの子供たちが生まれるなあ）

（ただ書けばいいんでしょ，のような文章が生まれるぞ）

…のように誤解された方がもしいたとしたら，それは慌てて訂正しなければなりません。

　「書く」ということは，1985年に出された国際連合教育科学文化機関（ユネスコ）の学習権宣言[*2]でも，学習権の根っことしてその冒頭に示されています。

> 学習権とは，読み書きの権利であり，

と，その宣言の冒頭に示してあります。また，学習権は，基本的権利の１つであるとしています。その根幹を支えるのが読み書きなのです。

　そもそも，書くことのルーツは何だったのでしょうか。中国では，約3400年前に最古の漢字の甲骨文字が発明されました。この甲骨文字は，亀の甲羅や牛の肩甲骨に刻されています。これが東アジアでの書くことのルーツでしょう。私は甲骨文字を再現してみました[*3]が，甲羅と肩甲骨は非常に硬く，現代の道具を使っても文字を刻することは容易で

はありませんでした。

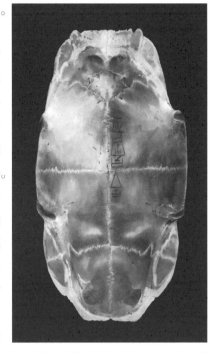

　では，ここには何が記録されているのでしょうか。そんなに大変な思いをしてまで残したかった記録とは何でしょうか。実は，それは王様の占いの結果と，行動の記録なのです。王様が，自分が生きた証として，記録させたのです。

　それから，一族の歴史が記録されたりするようになります。そして，今の私たちは，学習権宣言にあるように「自分自身の世界を読み取り，歴史をつづる権利であり」と，自ら書くことを通して，自らの生をつづることができるようになっているのです。学校で，「書く」ができるようにすることには，大きな意味があると考えます。

＊2　ユネスコ「学習権宣言」〜第4回ユネスコ国際成人教育会議（パリ）の宣言（1985.3.29）〜
＊3　この作品は，京都の岡崎公園にある有鄰館という博物館に展示してあります。文字は，酒を飲んでよいという結果の「王占曰吉」と刻してあります。

「書くは，考えるだ」

　恩師の竹内常一先生は，こんなふうによく仰っていました[4]。いま，改めて本当だなあと思っています。書くことは考えることで，学習することなのだと思うのです。

　考えることが人間が人間たる所以であるとすれば，義務教育段階までに，子供たちに書くことの基礎を身につけさせたいと私は考えます。そしてこれは，体験作文の指導を通して身につけさせていくことが可能だと考えています。
　子供たちが将来，どんな仕事に就いていくのかは分かりません。もしかすると，その仕事が今はまだ存在していないことすらあるでしょう。しかし，どんな職業に就こうと，文章を書くことのない仕事はないでしょう。また，考えることを必要としない仕事もないでしょう。
　そうだとすれば，文章を書くことの「アレルギー」を取り除き，文章を書くことは楽しいという思いを抱かせ，考える力を育て，自らの歴史をつづる権利を遂行できるように育てる。これが，学校で「作文」をする理由だと私は考えています。

---

*4 「考えるために，書くというのもあるな」とも，先生は仰っていました。

作文の「指示」は適切か？

2

　「はじめに」の最後のところで，２つの演習をやって頂きました。１つは，指示に従って作文を書くというもの。もう１つは，その作文を書かせる時の指示について，おかしなところを書き出すというものでした。そうです，あの時のメモを出してください。

　読者の皆さんは，先生がほとんどでしょうし，大人ですから，あの指示でもそれなりのものが書けたのではないかと思います。しかし，あの指示は最低です。あれで書ける子供は，指導する前にすでに書けている子供です。

書かせるための，最低の指示

　さて，どこが悪い指示だったのか，具体的に書き出してみましょう。

①テーマとタイトルの違いを指導しているか？
②夏休みの何を書くのか子供は理解しているか？
③夏休みの内容を書くための準備の仕方を子供は理解しているか？

④時間の使い方を子供は指導されているか？

⑤しっかり書くということは，具体的にどういうことなのか指導されているか？

⑥本当に好きなように書いていいのか？

⑦本当に自由に書いていいのか？

⑧誰に向けて書く作文なのか確認したのか？

⑨何のために書く作文なのか確認したのか？

⑩書いた後，この作文はどのように使われるのかを説明したのか？

　いかがでしたでしょうか。こんなに問題のある指示なのです。少なくとも私は，これらのことが分かっていなければ，作文は書けないか，かなり書きにくくなると思います。

　しかし，慌てて言葉を付け加えておけば，実はこの最低の指示は，ある条件が整うと，最高の指示にもなります。それは本書を通して理解されていくことでしょう。

「副詞に逃げる」指示

　それぞれの指示について何がおかしくて，どのようにしたらいいのかは，この後述べていきます。ここでは，「⑤しっかり書くということは，具体的にどういうことなのか指導されているか？」と「⑥本当に好きなように書いていいのか？」，「⑦本当に自由に書いていいのか？」に焦点を当てましょう。

「しっかり書いてください」と指示を出す先生は，子供に何を求めているのでしょうか？　時間通りに書き終えることでしょうか。読みやすい字で書くことでしょうか。誤字脱字がないことでしょうか。面白い内容でしょうか。感動する内容でしょうか。多くの枚数を書くことでしょうか。

　おそらく先生の頭の中には，「しっかり」の具体的な内容があることでしょう。それならば，その内容は子供にあらかじめ伝えるべきです[*1]。指示を出す側は，指示を受ける側に想像させてはなりません。受ける側に想像が働くと，適切な指示にはなりません。受ける側の内容はバラバラになります。

　実際の授業の場面で「しっかり書く」と指示を出したとします。先生の正解のストライクゾーンを想像できる子供は，**（確か，この先生は濃く太く大きく書くのが大事だと言っていたなあ）** ということを思い出して，濃く太く大きく書くことが「しっかり書く」ことだと推定して，そのように書きます。そして，「おお，君はしっかり書けているね」と褒められます。

　一方で，イケダ少年は **（45分の時間で書き終えることかなあ）** なんて思って，急いで，誤字脱字が多く，薄くて読みにくい字で書き，45分以内に書き終えて提出します。すると，「しっかり書きなさいと言ったでしょ」と怒られ

＊1　いや，ひょっとしたらそれがないので，「しっかり」という指示でごまかしているのかもしれませんが。それはそれで恐ろしい。

るわけです。

　私はこのように大事なところを副詞にして指示を出すことを，「副詞に逃げた指示」と言っています。「しっかり」「きちんと」「はっきり」などの副詞を使っての指示は，多くの場合，この副詞に逃げた指示になっています。

　指示は，子供が確認できる，具体的なものを出すことが大事です[*2]。

先生が好きに書いていいって言ったじゃん!

　「好きに書いていい」「自由に書いていい」というのは，思春期の子供たちには危険な指示だと思います。イケダ少年なら，何を書いていいか分からなくなれば，原稿用紙に「好きに書いていい」「自由に書いていい」を繰り返し書いたことでしょう（笑）[*3]。当然，そんなことをすればイケダ少年は先生に叱られますが，少年は先生の指示に従っただけなのです。「先生が好きに書いていいって言ったじゃん」と言うでしょうねえ。先生の指示に従っているだけなのですから，本来は叱ることはできません。

　また，好きに書いていいということは，主体的な判断として「書かなくてもいい」を含んでいます。「書かなくてもいい」を認めているのであればいいのですが，まずそんなことはあり得ないでしょう。

　さらに，好きなことを自由に書いていいと指示を出して

おきながら，教師が（ちょっとまずいなあ）と思うことに関しては「書き直しなさい」と指示を出す。これも圧倒的にまずいことです。（言っていることとやっていることが違うじゃん）と思われてしまいます。中学生は，そういうところに敏感です。

＊2 本書も，編集者からの小見出しの入れ方やレイアウトについて等，細かい具体的な指示の下で書いています。
＊3 野球部にいたイケダ少年は，ムカつく先輩が「１年生，声を出せ！」と言った時に，「声，声，声」と言ったらエラい目に遭いました。

書くことを指導しているか?

3

先生は子供に「では，体育大会について原稿用紙3枚に書いてみましょう」とあっさり言います。しかしこれは，本当は大きな問題を含んでいるのではないでしょうか。

「書いてみましょう」と言っていますが，要は「書け」です。しかし，「書く」とは一体どういうことなのか，子供は理解しているのでしょうか。教師は，「考えて」「質問して」「書いて」と簡単に言いますが，それは，一体どうすることなのでしょうか?　指導しているのでしょうか?もし，指導をすることなく，「書け」と命令するだけであれば，それは教師でなくともよくなります。

読み書きそろばんって何?

初等教育で身につけさせる基本的な学力として言われるのに，**「読み書きそろばん」**があります。ここに「話す・聞く」がないのは，「話す・聞く」は，その言語を使っている集団に所属していれば，生まれたばかりの子供でも2年ぐらいすると可能になることだからでしょう[*1]。つまり，「読み書きそろばん」という言葉は，これらが**教育して身**

につけさせなければ自然とできるようになるものではないということを示しています。

　しかし，ここで注意しなければならないのは，特に「書き」の部分です。「書く」というのは，何を示しているのでしょうか？　たとえば，アメリカの小学校では，日本の国語に当たるものとして"reading"と"writing"があります。小学校の低学年ではspellingの授業もありますが，writingでは，文章を書いています。[*2]

　さて，それでは，日本の小学校の授業に文章を書くためだけの時間割はあるでしょうか？　よほどのことがない限りは，ないと思います。確かに，平成29年告示の小学校学習指導要領では，「Ｂ書くこと」に関する配慮事項として，

> (5)　第２の各学年の内容の〔思考力，判断力，表現力
> 　　　等〕の「Ｂ書くこと」に関する指導については，
> 　　　第１学年及び第２学年では年間100単位時間程度，
> 　　　第３学年及び第４学年では年間85単位時間程度，

＊１　もちろん，「メモをとりながら，相手の顔を見ながら，質問を考えながら聞く」という高度な聞き方をするには，適切なトレーニングが必要になります。

＊２　「アメリカ・ワシントン州の学校の時間割と授業科目」
　　　（junglecity.com）
　　　https://www.junglecity.com/live/life-education/local-school-classes/
　　　「海外の小学校での教科や時間割，学校関連の英語まとめ」（英会話ビギン）
　　　https://kaigai-taido.com/subject/
　　　「アメリカ写真日記・５日目〜アメリカの小学校(4)」（エンタメ＆アメリカ写真！）
　　　https://mayanet.exblog.jp/2051519/

第5学年及び第6学年では年間55単位時間程度を
配当すること。その際，実際に文章を書く活動をな
るべく多くすること。

とあります[*3]。しかし，国語の書きは，「漢字の書き取り」
に使われていることが多く，文章を書くための時間として
はあまり使われていないのが現状ではないでしょうか[*4]。

文章を書くって何?

2022年現在，音声入力によって文章が，かなり「書け
る」ようになりました。かつて，2016年に，この音声入力
に出合った時，私は衝撃に襲われました。

（私が「文章を書く」で指導してきたことは，「文章を書
く」ではなかったのかもしれない）

というものです。

**「私が指導していた『文章を書く』は，情報の入力だっ
たのではないか」**という疑念です。つまりそれは，文章を
書くということの一部でしかなく，文章を書くことの本質
ではないのではないかという思いが湧いてきたのです。も
ちろん，本書でこの後に示すように指導はしてきてはいた
のですが，それぐらい衝撃でした。論理的文章の書き方の
指導者として著名な倉島保美[*5]さんは，「文章を書くことの
本質は，推敲にある」と語ってくださったことがあります。
やはりそうなんだなあと思ったものです。

私は万年筆で文字を選びながら書いていくのが好きです。

しかし，それは文章を作っていく一過程にしか過ぎず，それをもって文章を書くとは言えないということが，音声入力によってはっきりしました。

書くって，実は簡単なことじゃない

書くということには，次のような流れが考えられます。

●文字を覚える

●文字を使えるようになる（ワープロを使えるようになる）

●アイデアを出す

●調べる

　・辞書を使える　　　　　・インタビューできる

　・インターネットを使える

●文章の目的と読者に合ったアイデアを選ぶ

●読者を想定する

●構成する

●原稿用紙の使い方を知る

●文字を書く，文字を入力する

＊3　なお，平成29年度の学習指導要領，中学国語では，1，2学年は年に30〜40単位時間を，3学年は，20〜30単位時間を「書くこと」に求めています。

＊4　平成26年度全国学力・学習状況調査結果の大分県の分析では，学力をつける読み書きとして，「漢字の読み書き」が大事だとまとめています。
https://www.pref.oita.jp/uploaded/attachment/2005919.pdf

＊5　倉島さんの本は，『改訂新版　書く技術・伝える技術』（あさ出版，2019）などが有名です。

●推敲する

　・自分で　　　　　　　　・他人によって

●校正する

●誤字脱字のチェックをする

●レイアウトを考える

●仕上げる

　このように，相当のプロセスを経ないと，書くということのゴールにたどり着けないことが分かるかと思います。[*6]

　書ける子供はいます。ただ，その子供は，どこかでこのプロセスをすでに手に入れています。私は子供の頃，書ける子供でした。それは，どこかでこのプロセスを手に入れていたからだと思います。だから，先生の「書け」で書けました。

　しかし，書くためにはこのような要素を身につけていることが大事だと知っていて，このような流れで書くといいんだと知っている子供は，ほとんどいないでしょう。そんな子供に「書け」だけで，書けるわけがありません。

　そうだとすれば，この**「書くための要素と手順」を知れば，子供は書けるようになる。また，指導者は指導できるようになるのではないでしょうか。**

---

*6　こんなに指導項目があるのに，「授業中に書けなかったら宿題ね」という指示を出す先生がいます。授業中に書けなかった子供が，家で，一人で，書けるのでしょうか。この宿題はおかしいです。

「誰が，いつ，どこで」指導するかが
定まっているか?

4

　小学校での指導の場合は，担任の先生が行事の指導をして，担任の先生が作文の指導をします。ですから，学活の時間に書かせても問題はないと思います。

　問題は，中学校です。体育祭は，担任が体育科と協力して指導します。体育祭の後の作文は，担任が指導します。国語の教師ではない担任に，作文の指導は負担が大きすぎるのではないでしょうか。

　バラバラに指導をすると，原稿用紙の使い方からしてバラバラになります。また，当然ですが，書けない子供が続出します。

国語科が指導した後に，作文を書かせる

　中学校の行事は，教科の特性が強く出るものがあります。合唱祭や体育祭です。前者は音楽科が，後者は体育科がリーダーになって行事をつくっていきます。担任は，教科の専門性の部分は担当の教科の教師に委ね，学級づくりや学年づくりに力を注ぐことになります。

行事が終わると作文を書くことになります。この作文は，担任が指導することになります。私の経験では，理科の先生に作文指導がうまい先生がいましたが，通常，作文の指導の仕方などを知っている国語科以外の教師はほとんどいないのではないかと思います。それにもかかわらず，担任が作文の指導をすることになります。これは大変ですし，おかしなことです。

　ここは，国語科が作文の書き方を指導した後に，担任にお任せすることが大事です。**年間行事予定を確認した上で，行事の前に国語科が指導を済ませておく必要がある**と考えています。

原稿用紙の使い方?

　少し細かいと思いますが，大事なことを指摘します。**ローカルルールの調整**という問題です。

　作文という言葉は，平成10年度〜平成29年度版学習指導要領には，小学校版にも中学校国語編にも載っていないことは既に指摘しました。実は，原稿用紙という言葉も同じように載っていません。載っていないのにもかかわらず，なぜか原稿用紙の使い方については，先生方は「丁寧に」子供に指導をしています。

　私は，2022年度の大学の教科教育法（国語）などの授業で，学生たちに調査をしました。「先生に作文の指導を受けたことがある？」という問いに「ある」と答えた学生に，

さらに何の指導を受けたのかを確認したところ，以下のように「原稿用紙の使い方」がダントツでした（複数回答を認めています）。

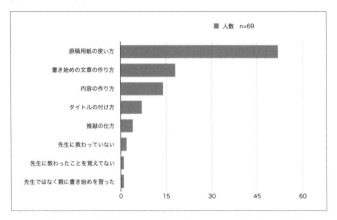

しかし，この原稿用紙の使い方についてさらに確認してみると，かなりバラバラでした。たとえば，「1行目に何を書くのか？」と確認すると，「タイトル」という答えが多くありましたが，タイトルは欄外に書くという指導を受けている学生も一定数いました。また，タイトルの上に何マス空けるのかということもバラバラ。学生たちは，自分が正しいと思い込んでいましたので，結構ショックを受けるわけです。

同じように2行目，3行目と確認していったところ，結局全員が一致したのは，「書き始めは1升下げる」ということだけでした。

乱暴な言い方をすれば，私が指導した学生たちは，**「書き始めは1升下げる」という指導だけで，作文を書くよう**

にと指示されてきたわけです。これで作文が書けるわけがありません。

ローカルルールの調整をする

　小学校では，学年が変わると前年度までの原稿用紙の使い方の指導がバラバラのことがあります。また，中学校では，複数の小学校からやってきた子供の原稿用紙の使い方がバラバラのことが多くあります。

　子供たちは，自分たちは正しいと思っています。彼らに罪はありません。先生の指導がバラバラなのですから。また，そもそも，これが唯一絶対の正しい原稿用紙の使い方であるというものは存在しないのですから。

　私は，以上のことを話した上で，「私が指導している間は，便覧の○○ページにある原稿用紙の使い方に従って書いてください」と指示を出していました。書式が統一してある方が，読む時に読みやすいのだという説明も添えて指示を出していました。

　原稿用紙の使い方だけではなく，このように書くことに関して**ローカルルール**がある場合があります。ここは，国語科が整えておくべきでしょう。

「文章の種類」を押さえているか?

5

　文章を分類する時，大胆に２つに分けるとすると**「伝える文章」**と**「記録する文章」**になると考えています。その内容を誰かに伝える目的で書く文章と，相手を想定せず自分のために残しておく文章です。学校教育では，「伝える文章」の書き方を鍛える必要があると私は考えています。

　また，伝える文章は大きく３つに分けられます。**思いを伝える文章，事実を伝える文章，考えを伝える文章**です。それぞれ書き方が違いますから，指導の仕方も違います。

　まずは，なぜ伝える文章を学校で指導するのか?　から始めていきます。

なぜ，伝える文章の書き方を学校教育でするのか?

　それは，教育の根幹の部分で，大切にされる必要があるからです。教育基本法を見てみましょう。第１条の教育の目的です。

＊１　他にも，フィクションとノンフィクションとか，散文と韻文などのような分け方もあります。ここではいろいろな分け方の中の１つとして，教育基本法の教育の目的の面から，「伝える」と「記録する」で考えていきます。

> （教育の目的）
> 第一条　教育は，人格の完成を目指し，平和で民主的な国家及び社会の形成者として必要な資質を備えた心身ともに健康な国民の育成を期して行われなければならない。

　「平和で民主的な国家及び社会の形成者」とあります。この部分を，本当に簡単に説明するとしたら，**「良い社会をつくれる人」**と言っていいと思います。

　良い社会をつくれる人になるには，多くの人と交わることが大事になってきます。相手の思いや考えを受け止め，自分の思いや考えを伝える力が大事になります。その1つとして，伝える文章を書けるようになることが大事です。

　そして，それができるように，学校教育で指導することが大事だと考えています。

「伝える」の3つの考え方

　私は，自分の思いや考えの他者への届け方には，3種類あると考えています。**「表出」「表現」「伝達」**です。それぞれを簡単に説明しましょう。

　「表出」は，acting out とも言われます。抑圧された感情などを，無意識のうちに行動に表すものです。イライラする時にする貧乏ゆすりや，授業に飽きてきた時にする爪

掃除などがこれに当たります。これは，本人は意図的にやってはいません。出てしまっているもので，それを相手が推察して理解するというものです。

　表現は，expression です。自分の感情や考えを，言葉，動作，音楽，絵画などで表すことです。表現する人は，自分の感情や考えを，意図的に表しています。自分が表したいことを自分が納得する形で表せたら完了です。受け手がどのように受け取るかは，基本的には関心はありません。だから，解釈というものが生まれます。

　伝達は，transmission です。自分の感情や考えを，他者にその通りに伝えることです。もし，他者が，間違ってその感情や考えを受け取ってしまった場合，その責任は伝える側にあります。**教師が行う説明は，この「伝達」であるべき**だと私は考えています。説明しても分からない場合は，教師の方が悪いということです。また，解釈が生まれないものとも言えます。

伝えるための文章は3種類ある

　何を伝えるのかによって，文章は３種類[*2]に分けることができます[*3]。

[*2]　厳密に区切りをつけて線を引くことは，現実的ではありません。たとえば，感想文は何かがあってその感想があるわけで，単独で感想文ということは難しいでしょう。ですが，このように分類すると，違いが分かりやすいので，次ページのように表にして分類します。

	伝えるもの	文の特徴	文の種類
1	思いや感情	根拠は自分。「～だと思います」の形。	感想文
2	事実	5W1Hに従って，客観的な事実を書く。「～だ」「～です」の形。	報告文 レポート
3	考え	客観的な証拠，根拠をもとに，「～である。なぜならば～だからだ」の形。	小論文 論文

　また，伝えるものが2つ組み合わさっているものもあります。

	伝えるもの	文の特徴	文の種類
1	事実 ＋ 思いや感情	事実について，自分はどのようなことを思ったのかを書く。「～ということがあった。私は～と思う」の形。	体験作文 読書感想文 エッセイ など
2	事実 ＋ 考え	事実について，自分はどのように考えたのかを根拠を示しながら書く。「～ということがあった。私は～だと考える。なぜならば，～だからである」の形。	意見文 評論文 批評文 など

　このように，伝えるものの種類によって，文の種類が変わってきます。文の種類が変われば，その文の書き方も違ってきます。つまり，指導の仕方も違ってきます。1つの指導方法だけで全ての文章の種類を教えることはできませ

ん。学校教育では,「事実＋思いや感情」をベースにした文を書かせることが多いと考えています。体験作文,読書感想文などです。

　そのため,それぞれの文章の指導の仕方は別の機会に譲り,本書では,学校教育で多い「事実＋思いや感情」をベースにした体験作文の書き方の指導に絞って,話を進めていくことにします。

＊3　思いや感情の文章の「伝える」は表現になる傾向が多く,また,事実と考えの文章の「伝える」は,伝達を目指します。

＊4　大学では,スマホや PC のおかげで,授業の感想の文章をさっと書くことのできる学生たちも増えてきています。しかし,論文の書き方は別だということをしっかりと指導しないと,自分は書けると思い込んでしまったまま,難儀する学生が出てくるということです。

「美しい文字・正しい漢字」指導をしてはいないか?

　GIGA スクール時代になったことで，作文をデジタル入力で書かせる指導も出てきているかと思います。しかし，まだまだ，手書きで書かせることが主であるところが多いのではないでしょうか。

　私は，大学では書写教育に携わっています。一方，大学では ICT 関係の授業も担当しています。ですので，手書きもデジタル入力もどちらも使えますし，どちらのメリット・デメリットも分かっていると思っています。

　本項では，手書きの作文指導で見落とされがちな，ちょっと違うんじゃないかなあという指導を取り上げてみます。

歓声を上げた子供たち

　私が中学校の教師をしていた時，学校にはフロッピーディスク起動のパソコンがありました。今の人には何だか分からないでしょうけど。インターネットが出始めた時代の古いパソコンです。そのパソコンを使って作文の指導をしたことがあります。

タッチタイプを覚えさせるために，私がへばりつく形で昼休みのパソコン室を開放していました。「たこたこエイリアン」という入力練習のためのソフトをインストールして，希望者にどんどんやらせていました。（パソコン室をゲーセンにするぞ！）と思いながら。

　1か月もすると，子供たちはかなりタッチタイプができるようになりました。それと並行して，キーボード入力で作文を書かせたわけです。ある時のことです。授業中に中学校1年生の子供が大声を出しました。

「すげー！」

と。何がすごいのだかよく分からなかったので，子供のところに行って様子を確認しました。するとその子供は，

「先生，俺，こんなにたくさんの漢字を使って作文したの初めて！」

と言っています。また，別の子供は

「原稿用紙の枠からはみ出ないで，作文書けたの，初めて！」

と叫んでいます。

　私は非常に申し訳ない気持ちになりました。確かに，漢字を使って書くこと，適度な大きさの文字を書くことは大事なことです。しかし，**これは文章を書くことの本質ではありません。**それが証拠に，いわゆる文豪たちの原稿用紙に書かれた文字には美しくない文字も多くあります。

　この子供たちは，今まで文章を書くたびに，「もっと字

をきれいに書きなさい」「もっと漢字を使って書きなさい」などと先生に指導されて嫌な気持ちになっていたんだろうなあと思ったのです。文章を書くたびに嫌な気持ちにされるのであれば，この先，意欲的に文章を書こうと思うわけがありません。

池田少年の場合

　一方，池田少年はどうだったでしょうか。

　池田少年は，小学生の頃から作文は得意でした。作文を仕上げて担任の先生に持っていくと，最初に

「いや，池田君，字がうまいねえ。読みやすいねえ」

と褒められます。そして，内容もいいと言われます。5年生の時の担任の島村絋先生には，

「これから私は長いこと先生をするけれども，5年生の男の子でこれだけ書ける子供がいたと，この後教える子供に見せたいので，この作文くれる？」

と言われたこともありました。もう，どんどん，文章を書きたくて仕方がない池田少年になっていくのはお分かりでしょう（^^）。

　ところが，そうでない友人もいました。

「読みにくい字です。書き直しなさい」

「漢字，間違えています。直しなさい」

「消しゴムのカスがついています。きれいにしなさい」

などなど，注意を受けます。

さて，もしあなたがこの立場の子供だったら，この後どう思うでしょうか？

「よーし，次はきれいに書くぞ」

と思う子供もいるでしょうけれども，そう思わない子供の方が多いのではないでしょうか。

　これらの指導をすると，書けば書くほど先生に叱られるところが多くなります。であるとすれば，子供たちは「戦略的に」，たくさん書かないという手段を取るでしょう。**書かせようとする先生の意図とは裏腹に，書かない子供を育ててしまうことになります。**

文字の指導を作文指導から切り離す

　私が採用したのは，**文字の指導は作文指導から切り離す**ことでした。正しい漢字を書かせること，読みやすい文字を書くための練習は，作文以外の場所ですることにしました。[*1]

　そして，作文の時は，これらの指導はしないようにしました。後で詳しく述べますが，たとえば漢字の間違いについては子供同士でお互いに読み合って指摘し合って，そこを直してから提出させることにしました。

　作文での読みやすい手書き文字の指導も，私の手から切り離しました。自分の手書きの文字が読みにくいかどうか

＊1　漢字指導については，『スペシャリスト直伝！　中学校国語科授業成功の極意』（池田修，明治図書，2017）を参照してください。

は，他の人の文章を読んで比較することで具体的に分かります。私は，読みやすい文字を書く時に大事なこととして，「濃く・太く・大きく」そして，試験では「早く・正確に」というのが大事だと説明していました。しかし，できていないのに自分ではできていると思い込んでいる子供が割といるものです。そこで，**互いに他の子供の作品を読んで，比べることで自分で気がつくように**指導をしていました。子供間相互の指摘し合いによって，先生が注意をして学習者の書く意欲が減じられるのを防ごうとしていました。

　これからデジタル入力での作文が増えるとなると，美しい文字・正しい漢字の指導はずいぶんと楽になると思います。子供たちも幸せですし，先生たちも文章指導の本質に力を注げることになっていくでしょう。いいですねえ。

作文の「基礎体力」を測定しているか?

7

教育基本法第4条は，次のように定められています。

第4条　すべて国民は，ひとしく，その能力に応じた教育を受ける機会を与えられなければならず，人種，信条，性別，社会的身分，経済的地位又は門地によって，教育上差別されない。

「その能力に応じた教育を受ける機会」が与えられるべきだというのです。それにはまず，その子供が自分の能力を知る必要があるのではないでしょうか？

小論文を書く時に，最初にすることは?

　私が中学校の教員の時，管理職試験必勝法というのを聞いたことがあります。試験の小論文が出たら，とにかく最初の3行に準備してきた昨今の社会情勢に関する言葉と，それに対する自分の基本的な立場を書けというものです。
　私は唖然としました。(そんなことで管理職試験に合格するの？　いやその程度しか書けない人が合格するの？)

と。多分この話は冗談だと思いますが，そんな話になるぐらい書けない人が多くいたのかもしれません。

　私が中３生に小論文を書かせていた時は，『さて，みなさん。小論文の問題を解く時，最初に何をしますか？』と聞いていました。子供は「受験番号と名前を書く」と素直に答えていました（^^）。『では，その後は？』と聞くと，分からないとのこと。ま，分からないから，教えるのですけどね。

『それは，これから教えていきますので安心してください。もう１つ，安心の材料も知らせておきます。もし，あなたが試験会場で「小論文の試験，始め」という合図と同時に，何かを書き始める受験生があなたの周りにいたら，それはもう安心しましょう』

「え，不安になりますけど」

『いえ，安心です。もうライバルではありません。その人は，試験問題を読んでいません。とにかく小論文の最初は，これを書くことと決めていたものを，書いているだけです。小論文はそんなふうに勢いで書くものではありません。書けるものではありません』

　管理職試験必勝法は，こんなふうに活かして使いました。

自分の今の力を知る

　体育の授業では４月末から，体力測定を行うと思います。100m走，砲丸投げ，反復横跳びなどの記録を取ると思い

ます。私は，なぜ作文でこれをやらないのかがとても不思議です。自分がどのぐらい書けるのかを測定するのです。

やり方は簡単です。

①教師は，国語の教科書から任意のページを指定する
②教師は，原稿用紙1枚を配り教科書の本文を読みやすい字で書き写せと指示を出す
③教師は，ストップウォッチで時間を測り始める
④子供は，書き終えたら挙手して教師から時間を教えてもらい，時間を記録する

これで，原稿用紙に書き写すだけならどのぐらいの時間で書き写せるのかが，本人に分かります[*1]。他の人と比較する必要はありません。順位をつける必要もありません。**書き写す時間**が分かればいいのです[*2]。

準備→執筆→見直し

文章を書く時には，**準備と執筆と見直し**の３つが必要になります。準備もせずにいきなり書き始めることはできません。この時，この３つにどのぐらいの時間をかけることができるのかの時間配分を考えなければなりません。特に，

---

*1　ちなみに私の場合，一番丁寧に書き写すと25分かかります。殴り書きだと７分です。デジタル入力だと，３分ちょっとですね。

*2　ただし，過去の自分との比較は有効です。学期ごとにやるといいと思います。また，学力の低い子供は，時間がかかるだけでなく，書き写しミスも多発します。ここでチェックすることもできます。

50分で600字などと決められている小論文の試験では，かなり重要です。

　もし，この時に自分がどのぐらいの時間で文章を書き写すことができるのかを知っていないとしたら，時間配分を考えることはできません。しかし，作文の「体力測定」をしている子供は，問題ありません。

　たとえば，400字を20分で書くことのできる子供であれば，600字は30分となります。そうしたら，残りの20分を準備に10分，見直しに5分，予備に5分と割り振ることができます。さっさと書き終えて（あー，よかった間に合った）と時間を残してもダメなわけです。時間を有効に使うべきなのです。

　ちなみに，小論文のテストでは，準備に次のことをするようにと教えていました。

①問題文の中にある問いは何かを確認する
②問題文の中にある問いはいくつあるのかを確認する
③それぞれの問いの答えと思われるキーワードを書き出す
④どの順番でどのように書き進めればいいのか，構成する
⑤書き始めに適切な文言を考える
⑥小論文執筆の際の条件を確認して，書き始める

　試験開始後の10分間ぐらいはこれに使わないと，私は小

論文は書けないと思います。また，書き終えたら，この①
〜⑥の項目に従って，見直しを行います。本当に，この条
件で書けていたかどうかを確認します。そこには５分間ぐ
らいは必要でしょう。

　他人と比較して，書くのが早いとか遅いとか一喜一憂す
る必要はありません。必要なのは，**自分がどのぐらいで書
けるのかという現状を知ること**です。このことで，見通し
をもって小論文に取り掛かれるのです。これは，作文でも
同じです。どのぐらいで書き終えることができるのかを子
供が知ることは，執筆には大事なことです。

　そのためには，**作文の「体力測定」で自分の能力を知る
こと**が大事なのです。

作文を1人の作業にしていないか?

8

　子供に作文を書かせる時，教室はどのような状況になっているでしょうか。多くの教室では，スクールタイプに机と椅子が並べられ，子供たちは，一斉に黒板の方を向いて，1人ずつ原稿用紙に向かっているのではないでしょうか。

　作文を書くことが，個人作業になっているのではないでしょうか。(え，そんなの当たり前でしょ？　作文って1人で書くものでしょ？)と思われますか？　本当にそうなのでしょうか。1人で書くものでしょうか。1人で書かないとダメなのでしょうか。

編集者のサポートを受けて原稿は書く

　本を書く時には，その出版社の編集者さんがついてくれます。本書であれば，大江文武さんという明治図書の腕利きの編集者さんがついてくれています。だから，私は安心して執筆をしていけます。

　出版社によって，編集者が著者にどのように関わるかは違っていますが，大きくは次の決め事に対して，アドバイスや用意をしてくれます。

⓪本の内容について打ち合わせをする

①本のレイアウトを決める

②タイトルを決める

③本の構成を決める

④原稿の締め切りを決める

⑤執筆した原稿へのフィードバックをくれる

⑥本の校正の準備をしてくれる

⑦本の校正をしてくれる

⑧本の装丁を決める

⑨発売の時期を決める

⑩本の値段を決める

⑪出版社の営業に情報を流してくれる

⑫出版後の反応をフィードバックしてくれる

　本を執筆する著者というのは，それなりの文章作成の力があると考えられます。しかし，その著者に対してこれほどのサポートがあります。このサポートを受けながら，著者は書くことに集中することができます。

子供には，編集者がいない問題

　お分かりかと思います。

　もし，作文を1人で書かせる，個人の作業でさせるのであれば，それがいかに大変なことかが分かるかと思います。

　これから文章を書く力をつけていこうとする子供たちに

は，このような手厚いサポートはありません。プロには編集者がいて，初学者にはいません。上記のサポートで言えば，教師ができるのは，「⑦本の校正をしてくれる」の校正ぐらいではないかと思います[*1]。これでは子供が書きにくいのは，当たり前のように思えます。

　ただ，（じゃあ，このサポートを教師が全部しなければならないの？）というように思われたら，それは違うと思いますし，そもそも不可能です。

　では，どうしたらいいのでしょうか。私は，**教師のすべきことを，子供がしたらいい**と考えています。子供同士でお互いの，または数人の編集者になり合うのです。そして，子供の編集者に，以下のことをすることを教師が求めます。

---

a. 作文の内容に関して相談に乗る
b. 執筆中の原稿に肯定的・共感的フィードバックをする
c. 執筆後の原稿の校正を手伝う

　この中で特に大事なのは，「**b. 執筆中の原稿に肯定的・共感的フィードバックをする**」です。執筆中は，著者は不安です。（これで言いたいことは伝わるだろうか）（これで間違っていないだろうか）（これで笑ってもらえるだろうか）などなど（^^）。

　このフィードバックが，長い作文を書き終えてからでな

いと，得られないのは初学者には厳しいと思います。書いている途中で，フィードバックを得られる時間を用意する。フィードバックをしてくれる子供の編集者を用意する。これが大事だと思うのです。

大学の卒論指導でも実施

大学の卒論指導でも，同じようなことをしています。

卒論ゼミでは自分が不安に思っているところや，意見を聞かせてほしいところがある発表者は，ゼミの人数分だけ印刷して持参します。

ゼミでは，この印刷したドラフトを全員で読んで，コメントを入れたり，質疑応答をしたりします。最後に私からもアドバイスはありますが，基本は，学生同士がやります。

お分かりかと思いますが，これはロシアの心理学者，レフ・ヴィゴツキーが提唱した「発達の最近接領域[*2]」の活用です。本当に簡単に言えば，これは「仲間の力を借りて，自分だけでは成長できない領域へ，自分を成長させることができる」というものです。

上越教育大学教授で『学び合い』を提唱する西川純先生も，子供たちに，

「自由に立ち歩いていいから，授業のことについて質問や相談をしていいというと，1．人間関係があって，2．自

---

*1　もちろん，後半の販売に関しては，なくて当然ですけど。

*2　レフ・ヴィゴツキー著，柴田義松翻訳『思考と言語 新訳版』（新読書社，2001年）に詳しい。

分よりややできる人のところにいく」
と言われています。学生同士で編集者を担当し合うと，2.
に出会えるわけです。それによってゼミ生たちは，
(ああ，こう書けばいいのか)
と理解するようになります。そして，ゼミで卒論を書くこ
との意味を理解するようになります。卒論は，チームで書
くものだと理解します。

　子供たちにも，作文執筆の際には，編集者がいるといい。
私はそう考えます。なお，この相互評価については，この
後「書き込み回覧作文」でも触れることになります。

作文指導を変える実践法

子供が作文を書けない4つの理由

　なぜ子供たちは，作文を書けないのでしょうか？　この答えは，作文を書くための指導を受けていないからということに尽きるでしょう。逆に言えば，適切に指導を受ければ書けるようになります。話すことは，自然と身につけることができます。しかし，書くということは自然に身につくものではありません。書くための指導を受けて，本人が練習をしなければなりません。そのためには，まず，指導者は指導のために，子供たちが書けない理由を確認する必要があります。何の指導を受けていないのかを確認します。

4つの理由の正体

　結論を最初に並べましょう。書けない理由です。

①何を書いたらいいのか分からない
②何から書き始めたらいいのか分からない
③どういう順序で書き進めたらいいのか分からない
④何のために書くのか理由が分からない

私が

「なぜ書けないの？」

と中学生に尋ねて出てきた答えは，この４つでした。これらに対策を立てることができれば，指導になります。手に入れてしまえば，何だこんな理由なのかというものでした。しかし，この４つを手に入れるには，結構苦労をしました。

4つの理由をどうやって手に入れたか

　本書の「はじめに」にも書いたように，国語の教師は国語が好きでできますので，国語のできない子供の気持ちや，なぜできないかについて想像することが難しいという仕組みになっています。

　この問題に直面した時，私は，家本芳郎先生[*1]の言葉を思い出しました。

「分からないことがあったら，子供に聞けばよい」

というものです。なぜ書けないのかをあれこれ考えるのも大事ですが，それと同時に，直接子供たちに聞けばいいということを，家本先生の言葉から学んだのを思い出しました。そして，書けない状態になっている子供たちに次々と質問していきました。

　こうして，子供たちがどこでつまずいているのかを確認することができました。子供によっていろいろなつまずき

---

*1　全国生活指導研究協議会（全生研）で活躍された，著名な実践家の１人です。『〈教育力〉をみがく』（寺子屋新書，2017年）や，『教師のための「話術」入門』（高文研，1991年）や，『挑戦！教育実践練習問題』（ひまわり社，2005年）他，実に多くの著作が残されています。

があるのですが，大きく整理すると，前述の4つになるということが分かりました。

　この4つの理由は，同時に分かったものではありません。子供が書けない1つの理由を手に入れて，それを解決する指導方法を考えて実施する。こうすることで一定数の子供たちは書けるようになります。しかし，それでもまだ書けない子供たちが残っています。そうしたら，そのまだ書けない子供たちにその理由を確認します。そして，それを解決する。*2 こうして1つずつ解決をして4つを解決したところ，私が指導した子供たちでは，作文を書けないという子供は，いなくなりました。

「なぜ書けないの？」は実は，NG ワードだった

　実は，書けない理由を子供たちに聞いていく途中で，気がついたことがあります。これは，作文指導をする時だけではなく，子供にできない理由を確認する際に大事な原理だと思いますので，ここで強調しておきたいと思います。

　私たち教師は，できない子供を見ると何とかしてあげようと思い，このように聞きます。
「何でできないの？」
と。
　これは，できない子供にできるようになってほしい。何とか手助けをしてあげたい。そのためにはできない理由を知りたいという教師の善意というか，指導の意欲というか，

いずれにせよ前向きな言葉がけであると思います。私もそうしていました。

　しかし，どうも私の思いが届かない子供たちがいると感じていました。私が「なぜ書けないの？」と聞くと構えてしまうというか，体が強張ってしまうというか。まるで，教師に叱られている時の子供のような姿になってしまっていました。

　私は，書けるようにしてあげたいと思って，そのためにその理由を聞いているのですが，どうも子供にはそれは伝わっていないようでした。なぜなのだろうかと考えてみて１つの仮説が浮かびました。それは，違う意味で伝わっているのではないだろうかというものです。

　「なぜ書けないの？」という言葉は，教師は，その理由を聞き出すための言葉として使っています。しかし，子供にはそういう意味で届いていないのではないかと考えたのです。子供には，**「何であなたは書けないの。馬鹿なの？」**という叱責の言葉として届いているのではないかということです。

　特に，若い男性の教師であった私から，大きな声で，上

＊2　あっさり書いていますが，実はこれはとても大変なことです。子供たちが自分が書けないという時に感じる「恥」の感覚を捨てて，教師に書けない理由を話しています。これは，信頼関係がないとできない指導なのです。その信頼関係は，それまでに（この先生にできない理由を言えば，何とかできるように指導してもらえる）ということがあることで，成立するものの１つだと思います。理由を聞き出しておいて，それを放置するような教師の在り方では，成立しません。聞き出したら，それを解決する責任を背負う。指導には，その覚悟を決める必要があると考えています。

から見下ろすようにして「何で？」と言われたら，叱られていると思わなかったとしても，答えにくくなってしまっているのではないかと思うようになりました。

　もしそうだとすれば，大変なことになります。教師は助けようと思っているのに，子供は叱られていると感じているわけですから。反対の意味で伝わっているわけですから。

Why を What に変える

　「何で？」は理由を質問する時の言葉です。しかし，叱責のために使う言葉でもあります。意識して叱責として使っていることもあれば，無意識に使っていることもあります。

　教師が力強く「何で？」と言う時，これは叱責として受け止められてしまうことが多くあると考えています。

　そこで私の提案は，Why を What に変えるというものです。「何でできないの？」と聞くのではなく，「あと何があればできると思う？」と聞くのです。つまり，（あなたはできるはずなのに，それができていないのは，何かの情報が足りないからですよね。あなたにとって不足しているその情報は，何？　教えて？）という思いで，「あと何があればできると思う？」，「あと何があれば，書けると思う？」と質問をするようにしました。すると，これが見事に命中。子供たちは（あ，助けてくれるんだ）という表情になり，あれこれ話をするようになりました。

この，Why ではなく What で子供たちに聞くというのは，作文指導だけでなく，私の実践の大事な柱になりました。

子供たちの声を理解するとは

　最初に答えてもらったのが，この「何を書いたらいいのか分からない」でした。私にはかなり衝撃的な答えでした。あんなに準備をして進めたし，当日は楽しんだり盛り上がったりした遠足，体育大会，合唱コンクール…。

　それなのに，「遠足について作文を書きましょう」と指示を出すと，「何を書いたらいいのか分からない」という言葉が子供たちから出ました。最初は，からかっているのか，馬鹿にしているのかと思いました。しかし，それはそうではありませんでした。本当に，「何を書いたらいいのか分からない」でした。しかも，この言葉は，３つの意味を含んでいました。この３つ，何だと思いますか。

　さあ，それはこの後の具体的な対策編で見ていきましょう。

単語のメモ

実践法 **1**

―――――――― **実践法の概要** ――――――――

　土曜日に体育大会をやって，月曜日の１時間目に体育大会の作文を書くことになりました。そこで，
「さあ，一昨日の体育大会のことを，原稿用紙３枚程度に書こうかね」と指示をすると，さっさと書き始める子供と，全く鉛筆が動かない子供に分かれました。

　鉛筆の動かない子供に「どうしたの？」と声をかけると，「何を書いたらいいのか分からない」とのこと。あんなに練習をして，あんなに盛り上がった体育大会なのに。さあ，どうしましょう。メモを中心に考えます。

お話タイムを設定する

　にわかには信じられないのですが，実際問題として，一昨日の体育大会のことを，すっかり忘れてしまっている子供はいました。忘れてしまった子供に
「思い出せ！」
と指示したところで，思い出せるものでもありません。しかし，思い出せないことには，作文は書けません。

どうしたら思い出せるのか。それを手伝うしかありません。
私は，職員室に戻り，体育大会のプログラムを持ってきました。そして
『今から，プログラムを読み上げるからね。これで思い出せるかな』
と。これで
「あー。そうそう」
という感じで思い出せる子供もいました。

　その時，子供たちはボソボソ話をしていました。
（あ，これだ）
と思った私は，
『では，今からお話タイムね』
と３分間ほど，自由に話せる時間を用意しました。立ち歩きも自由です。プログラムの内容と話し合うことができたことによって，子供は「ああ，あれね。そうだったよね」というように体育大会のことを思い出し始めました。

　書くということに対してハードルの高さを感じている子供でも，友人と話すことは難しくないようでした。話をさせた後に，
『では，今話したことなどを使って，体育大会について，単語を３つとか５つとかメモしてみましょう』
と指示を出しました。これを手がかりにして書かせていく。これが指導の最初でした。

体育大会が終わった帰りの学活で

　体育大会が終わった2日後に，全く何を書いたらいいのかが分からない子供がいる。この事実は，なかなか衝撃的なものでした。しかし，改めて言いますが，その子供に「思い出せ」と叱ったり，怒鳴ったりしても意味はありません。そんなことで思い出せるわけがありませんし，思い出したとしても，それは作文を書かなければならないがために，無理やり絞り出したものでしょう。

　その子供が，体育大会を通して感じたこと，考えたことを文章にすることで，その子供の体育大会の振り返りが行われるわけです。子供自身から溢れてくるものがスタートになってほしいわけです。

　次に考えたのは，メモです。「なんだ，メモか」ということになりますが，そうですメモなんです。ただ，1つ工夫をしたのは，**メモを書く時間**です。

Ａ４サイズの紙の1/4程度の紙を，子供全員に配りま
す[*1]。体育大会が終わった帰りの学活の時間に配ります。そ
して，

『月曜日に，体育大会について作文を書くから，ちょっと
準備しておこうか。なに，そんなに難しくない。メモに，
1・2・3と縦に書いて。そして，今日の体育大会で覚え
ていること，心が動いたこと，目に焼き付いていることな
どを，単語でいいので，書いてみましょう。もちろん，た
くさんある人は，4・5・6と続けてもいいですが，とに
かく3つは書いてみましょう』

という指示を出しました。

　これなら大丈夫だろうと思って見ていると，さすが子供
です。書けない子供がいます。

『どうしたの？』

と聞くと

「鉛筆がない」

とのこと。体育大会には筆記用具を持ってこない子供もい
るんですねえ。何も筆記用具を持ち歩かないというのは，
私には到底考えられないことなのですが，そういう子供が
いるというのは，勉強になりましたねえ。

　それで，1・2・3に単語をメモしたその紙は，机の中
に入れて帰らせました。持ち帰らせないことがポイントで

---

*1　今なら大きめのポストイットでしょうね。

す。月曜日の書かせる時になったら，

『はい，机の中を探して。体育大会に関するあなたのメモがありますね。そのメモを見てみましょう。どうですか？書くことがないということはないんじゃないですか？』

　実際，これでまた，何を書いたらいいのか分からないという子供は減りました。

Point

　行事の終わった後の帰りの学活で，その行事に関して単語レベルでいいので3つほど，メモをさせる。そのメモは，持ち帰らせず，机の中に入れておくことが大事。

メモをもとにお話タイムをさせる

　単語レベルでもメモがあるというのは，大きなことです。突然のスピーチを求められても，単語が手元にあれば，それを手がかりに話すことはできます。書くことも同じではないでしょうか。

　メモをもとに書かせることもできますが，その前に，そのメモで何人かと話をするということもなかなかいいものです。

　なぜ，いいのでしょうか。実は，話をするというのは，**相手の反応を得られる**ということでもあるのです。自分が書こうと思っている内容について，仲間に話をしてみる。

その時に，その仲間の反応の良いものをテーマに選ぶということができます。

（あ，これを書いたら，読む人は面白がってくれるんじゃないかな）

という，ちょっとした手応えを，書き手は，作文を書く前に得ることができます。

　これは，見直し編の8で書いた，子供をお互いの編集者にするということに繋がっています。書くということは，相当なエネルギーを必要とします。書き始めは特にです。

　子供たちは

（こんなこと書いたら笑われないかな，叱られないかな）

というように，自分で自分にブレーキをかけてしまっている場合があります。このブレーキを放すためには，それを書いても大丈夫だという思いを書き手がもつ場合です。

　その思いを書き手である子供にもたせるための仕組みが，**お話タイム**なのです。

Point

　話をする側は，話を聞く人がどこでどんな反応をするのかを，少し気にしながら話すとよい。共感的，肯定的な反応があったところをもとにして，作文を書くとよい。

イメージの花火

実践法 2

───── **実践法の概要** ─────

　メモを使って，体育大会の終わった学活で，印象的なことや気になったことを単語レベルで残して家に帰る。そして，そのメモを手がかりにして作文を書く。これである程度書ける子供は増えました。ただ，１つの単語からスタートしているので，繋がりや広がりに欠けるなあという思いがありました。ここを解決することで，さらに良い作文になるのではないかと考え続けた結果，この「イメージの花火」に繋がりました。

イメージの花火を理解し，練習をする

　「イメージの花火」は，今泉浩晃先生が考案された「マンダラート」をもとにしています。[*1]この素晴らしい拡散思考のメモのあり方を勉強した時，（あ，これは作文のアイデア出しのツールとして使えるはずだ）と閃きました。

　これはなんとしても使用の許可を得たいと思い，今泉先生にお願いをしたところ，実にあっさりと「どうぞお使いください」と何も条件を付けずに快諾くださいました。[*2]

イメージの花火のやり方

以下の通りです。

---

①下に9升の方眼が9つあります。

②中心の方眼の真ん中にテーマを書きます。

③そこに関連した言葉を周りの8つの升に書きます。

④その8つの言葉を周りの方眼の真ん中に移します。

⑤その言葉に関連したものをさらに8つ書きます。

⑥アイデアに詰まったら，他の升に飛びます。

⑦6分の制限時間でいくつ書けるか競います。

これが基本です。その上でいくつかの注意点を述べます。

---

a. 同じ単語が違う場所に出てきても問題はない。

b. 消しゴムを使う必要はない。

c. 日本語にこだわる必要はない。

d. 擬音語，擬態語などが出てきてもよい。

e. イラストなどは避け，単語にする。

f. 漢字にこだわらない。ひらがな，カタカナでもよ
   い。また，間違った漢字でも気にしなくてよい。

---

*1 イメージの花火の雛形は，本書の付録（目次参照）にあります。

*2 私が作った「イメージの花火」のワークシートには，敬意と感謝の気持ちを込めて，今泉先生から快諾を得た旨のキャプションが，必ず添えられています。子供に著作権のことを学ばせるためにも大事です。

イメージの花火

1.下に九升の方眼が九つあります。
2.中心の方眼のまん中にテーマを書きます。
3.そこに関連した言葉を周りの八つの升に書きます。
4.その八つの言葉を周りの方眼の真ん中に移します。

5.その言葉に関連したものをさらに八つ書きます。
6.アイディアに詰まったら、他の升に飛びます。
7.6分の制限時間でいくつかけるか競います。

塩	染みる	流れる		塩	縞模様	8/31	自由研究	計算
	汗	まつ毛		スイカ	黄色	句会	宿題	間違い
	滴る	飛び散る	空洞	緑	目隠し	未提出	忘れた	無くした
			汗	スイカ	宿題			
			夏休み	日焼け		日焼け		
			映画	帰省				
			映画			帰省		

【　　】組　【　　】番　氏名【　　　　　　　　　】

・「イメージの花火」は、今泉浩晃氏の開発された「マンダラート」の哲学を、今泉氏の許可を得て、
池田修が作文指導のアイディア出しツールとしてゲーム化したものです。

とにかく，**スピード優先**です。どんどん書き出します。
書きながら（何でこんな単語が出てきたのか？）と考える
必要はありません。単語を出すことを最優先にしてくださ

い。その単語が出てきた理由を考えるのは，制限時間６分の後に行います。

　作文では，アイデアを出すための拡散思考と，そのアイデアを整理して構成していく収束思考の両方を使います。作文が書けてしまう子供は，おそらく，この拡散思考と収束思考を頭の中で同時に，または，順序よく適切に行えているのではないかと思います。

　しかし，作文が苦手な子供にとって，これを同時に頭の中で操作することは難しいのではないかと思います。そこで，まずは，イメージの花火を使って，拡散思考をどんどんやります。「とにかく制限時間６分の時間内に，この81升に単語を埋めよ」と指示を出します。

　大人でも最初から81升埋まる人は珍しいと思います。ただし，訓練でどんどん埋まるようになります。私が指導した中学３年生の中には，４分30秒で埋めつくすことができるようになった強者がいます。

　とにかく，（こんなこと書いてはダメかな？）と思わせずに書かせることです。そのためには，

『先生は，あなたが書いたものは読みません。回収もしません。ただ，書いている場所が違っていないかの確認は，教室を見回りながら１回だけします』

という説明をしておくことが効果的です。勢いがつくと，子供も（何でこんなことを書いたのか？）というものが出てきたり，他の人に知られたくないマイナスの個人情報が

書き込まれたりすることがあるからです。

　ただ，81升埋まらなくても，大きな問題はありません。逆に，6分以内に書き終えてしまう子供が出てきた時は，ストップウォッチにある残り時間を教えてあげることです。

　練習を繰り返していくと，空いた升が埋まるようになっていきます。最初の頃は，1週間毎日。その後，1週間に1回ぐらいやるといいと思います。書けた数字を，記録させておくと成長が見えます。

　友達と競う必要はありません。過去の自分と比較して成長していることを確認させます。

マインドマップとの違い

　トニー・ブザンが提唱した「マインドマップ」というものがあります。イメージの花火と同じく，アイデア出しを支援するツールです。この2つでは，どちらがいいのかという質問を受けることがあります。

　私の答えは，**導入は「イメージの花火」がいい**というものです。なぜでしょうか。マインドマップは，何も書いていない紙の中心にテーマを書き，そこから「自由に」線を引いてトピックを書き出していきます。この自由にというところが，子供を指導していると，彼らには逆に厄介になっていることが多くありました。

　つまり，どこに線を引いてもいいということは，どこに線を引くのかを，考えなければならないということなのです。これを考えるためにブレーキがかかってしまい，拡散

思考を邪魔することがあるようでした。

　その点，イメージの花火は，升で区切られていて，どこに書けばいいのかがすぐに分かります。ここでブレーキがかかる要素が1つなくなっています。だから，書きやすいのです。もちろん，イメージの花火を教えた後に，マインドマップの方法を教えて

『自分でやりやすい方を選ぶといいよ』

とも伝えていました。ツールを使うのは子供です。子供自身が使いやすいものを使えばいいわけですから。

メモとの違い

　メモは，その時の1点のことを記録します。しかし，イメージの花火は，その1点から連想的に言葉を拡散します。この繋がりが，文章を書く時にも繋がりとなって出てきやすくなります。

　また，6分間という時間を設定することで，適度なプレッシャーがかかり，自分が思ってもみなかったことが書き出されるようになります。

Point

　とにかく，「81升を埋めることが大事だ」と強調することです。また，「あなたが書いたことを先生は見ない」と宣言することは，拡散思考を促すために，かなり重要です。

書くための「素材」の吟味

実践法3

―――― **実践法の概要** ――――

　イメージの花火を使って，子供たちの頭にある記憶の断片を引き出しました。それも，ある程度ストーリーになるような形で引き出すことに成功しました。

　ところが，まだ「何を書いたらいいか分からない」という声があることに気がつきました。本当にびっくりです。ところが，その理由を確認していくと，（なるほどなるほど，それなら何を書いていいか分からないな）と思ったのです。これには，私も驚きました。さて，この「何を書いたらいいか分からない」の正体は何でしょうか。

素材を選ぶ

　結論を言えば，子供たちは**「書きたいことがたくさんありすぎて，何を書いたらいいか分からない」**ということだったのです。

　つまり，「書きたいことがたくさんありすぎて」を省略して，「何を書いたらいいか分からない」と言っていたのです。足りなくて書けないのではなく，ありすぎて書けな

いだったのです。

　料理をしようと思って冷蔵庫を開けたら，何もなくて困った。これは，材料を買ってこなければとなります。これだけだと思っていました。しかし，冷蔵庫を開けたら，材料がありすぎてどれを使ったらいいのか分からなくなったという問題があったわけです。[*1]

Point

　子供の発言は，そのまま受け止めても理解できないことがある。指導をする際は，子供の言葉の真意を確認して，彼らが何を求めているのかを考えることが大事になる。

素材を選ぶ観点

　作文を書く時，子供には大きな誤解があります。それは，書きたいことを好きに書くという誤解です。これはある意味，仕方がありません。なぜならば，「好きなように書きなさい」「自由に書きなさい」と指導を受けてきたわけですから，自分が書きたいことを書くのは，当然の帰結なわけです。

---

*1　このことも，私のその後の実践には割と大きな影響を与えました。子供は足りなくて困っていると思い込むのではなく，余っていて困っているという観点から見るということも大事だということです。特に，情報過多の時代を生きる今の子供たちには，どの情報を適切に選んで学習に活かしていくのかを考えさせる指導は，大事な観点の1つになるのではないでしょうか。

しかし，文章とはごく一部を除いて，書きたいことを書^{*2}
くのではないと私は考えています。確認します。この本で
取り扱っている文章の種類は，**伝達の文**です。相手に筆者
の思いが誤解なく十分に伝わるような文章を書くことを目
指す文章です。

つまり，相手がいて，その相手に届かなければなりませ
ん。相手が理解しやすく，相手が好む文章を書く必要があ
ります。ですから，筆者が「書きたいことを好きに書く」
というのは違うのではないかと私は説明しています。子供
に指導すべきことは，**「読み手が，読みたいものを書く」**
なのです。

理想は，書き手が書きたくて，読み手が読みたいものが
重なっていることです。子供には，この観点に従って，イ
メージの花火から書くための素材を選ばせます。原稿用紙
3枚の作文であれば，81升の中から，3つの素材を選ぶこ
とができればいいでしょう。そして，その3つの素材の周
りに書かれている単語を意識しながら書いていくと，繋が
りのある文章になっていきます。

Point

　子供が作文を書く時の素材は，書き手が書きたいこ
とではなく，読み手が読みたいだろうと思うものを選
ばせることが大事。2つが重なった素材は，理想的な
ものとなる。

読者意識と目的意識

「読者が読みたいと思うものを選べ」という指示だけを出したとしても，実は不十分です。この場合の**「読者」は誰なのかを指定していない**からです。

作文でもスピーチでも，表現をしようとする場合は，**その相手は誰なのか**と，**何のためにやるのか**という2つのことが定まらないとできません[*3]。これをしないまま書かせると，焦点が定まらない文章が出てきます。仕方がありません。読者を設定して書くことを指示されていないのですから。

ところで，子供たちは読者を指示されていないにもかかわらず，読者を決めて書いているということが，私の調査で分かっています。子供が読者として設定している人は誰だと思いますか？ 以下の質問に50人の学生が答えてくれました[*4]。

Q1 行事の後の作文を書く時，読み手は誰を想定していましたか？

---

*2 ジャンルは違いますが，たとえば村上春樹さんが書いた文章ならば，彼が何をどう書こうと世界中にいるファンは，喜んで読むでしょう。読み手が村上春樹さんの文章なら何でもいいということになっていますから。しかし，子供は村上春樹さんではないのです。

*3 本書では，作文指導が苦手な指導者に，作文指導ができるようにするために書いているわけです。

*4 Q1とQ2は，2022年度教科教育法（国語）のa，bの2クラスで授業の前に取ったアンケートです。複数回答ありです。

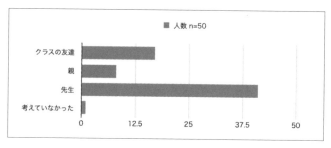

　読み手を先生と決めている学生が多いことが分かるかと思います。では，先生が読み手だというのは，誰が決めたのでしょうか？

Q2　想定していた読み手は，誰が決めましたか？

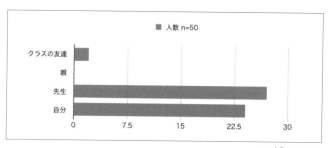

　このデータでは，１位が先生で，２位が自分です。[*5]つまり，指示もされていないのに，「読者は先生」と自分で想定して書いている子供がたくさんいるのではないだろうかということなのです。

　子供からすると，先生は評価をする人です。行事の作文で成績がつくわけではないのですが，緊張します。

（こんなの書いたら，叱られるかな，笑われるかな）
と思って，書いては消し，書いては消しをしていることは
想像に難くないのではないでしょうか。

　そもそも，行事の振り返りなので，先生に反省文を書く
ような形で書く必要はありません。また成績もつきません。
しかし，読者を先生に想定していたら，意識してなくても，
子供の書く作文は，反省文のようになってしまうのではな
いでしょうか。

　そこで私の提案は，「**読者をクラスの仲間に設定せよ**」
と指示を出すことです。クラスの仲間が読みたくなる作文
を書くことになります。また，クラスの仲間が読みたくな
る作文という目的の他にも，自分で目的を設定することも
勧めていました。それについては，本書120ページからの
対策④で詳しく見ていきましょう。

> ## Point
>
> 　何を中心の素材にして作文を書くのかを，書き始め
> る前に吟味することは大事なこと。その際，読者意識
> と目的意識を指示したり，考えさせます。

＊5　同じ授業で10年ぐらい同じアンケートを取っていますが，先生が1位に
なったのは2022年度が初めてです。それまでは，ダントツで「自分」でし
た。中高の教職課程の免許科目の国語科教育法では73.7％が，特別活動論
（中等）では73.8％が，自分で先生を読者と指示もなく決めていたとありま
した。

書き抜きエッセイによる
書き始めの指導

実践法 4

―――――――――　**実践法の概要**　―――――――――

　何を書くのかは，決まりました。次は，「何から書き始めたらいいのか分からない」という書き始め問題を解決していくことになります。確かに，書き始めは難しいです。「文学作品などでも名作は，冒頭が優れている」などという情報は，書き始めの重要性を示す以上に，プレッシャーを与えることになってもいます。

　目指すは，作文を書く子供の誰でも思いつく書き始めで，読者がその先が読みたくなる書き始めです。

子供に好きに書かせると，時間順に書く

　どういう順番で書いたらいいのかということを考えさせることをせずに，好きに書かせるとどうなるでしょうか。子供は，時間順に書きます。曰く，

　僕は，体育大会の日は，6時30分に起きた。いつもは7時30分にやっと起きるのだけど，この日は気

合が入って6時30分に起きた。目が覚めたのではない。ちゃんと布団から出て，顔を洗った時間が，6時30分なのである。お母さんは，もう朝ご飯を作ってくれていた。食べ始めたのは，7時ちょうどで，食べ終わったのが7時15分だ。……

　このように書いていきます。恐ろしいです。これを教師は，体育大会が終わる15時30分まで延々と読み続けなければならないのでしょうか（^^）。これは丁度，編集されていない結婚式のビデオを見せられるようなものです。なかなか辛いものです。

　では，なぜ，子供はこのように時間順で書くのでしょうか。それは，端的に言えば，**時間順だと書きやすいから**ということになります。

　書くための材料を集めて，それを時間順に並べて書いていく。そうすることで，情報を漏らすことなく書いていくことが可能になります。書きながら思い出すことも楽になります。だから，そのようにします。

　この，時間順に書くというのは，確かに書き手には書きやすいものです。*1 しかし，**読み手には，とても読みにくい**ものとなります。つまり，「読み手が読みやすい文章を書く」という大原則から外れていることになります。

＊1　もしこれが報告文であるならば，この時間順という方法もなくはないですが，それにしても読みにくいでしょう。それだったら，時間ごとに何をしたのかの表にした方がいい。非連続型テキストにする方がいいでしょう。

指導すべきは，書き手が書きやすく，読み手が読みやすい，または，読みたくなる文章の冒頭です。

書き始めにある矛盾

書きやすさから言えば，書き始めは，「○月○日。天気は晴れ。」のように固定するのがいいでしょう。しかし，全員がこれで書いてきたら，読む側はゲンナリしてしまいます。

読み手の方からしたら，バラエティに富んでいるほうが読む気になります。しかし，バラバラになるようにと指示を出すと，書き手が書きにくくなる。この矛盾した書き始め問題を解決する方法は何かないのだろうかと考え続けました。その時に出てきたのが，「書き抜きエッセイ」です。

文集の作成

と言いつつ，実践は「書き抜きエッセイ」の少し前に戻ります。文集の作成です。

文集は何を目的として作るのでしょうか？　私は，その時の気持ちや考えを残して，クラスで交流するために作っていました。

ところで，実際に文集を制作するのは非常に手間のかかるものです。文章が書けない子供への指導，書いた文章が薄くて印刷した時に文字が見えない子供[*2]への濃く書くための指導，誤字脱字のチェック，誹謗中傷などの言葉がない

かのチェック。さらに印刷，印刷後の製本の作業などなど，多くの指導やチェックや作業があります。忙しい中学校現場では，なかなか大変でした。それでもやったのは，「その時の気持ちや考えを残して，クラスで交流するために」必要だと思うからでした。

　ところが，実際は違いました。完成した文集を子供に渡すとどうなったか。彼らは２箇所しか読みません。①**自分が書いた文章。**②**自分が好きな人の文章。**That's all です。あんなに苦労して作った文集ですが，そんなもんです。そして，次に見るのは，成人式かなんかの時です。そして，その時も，自分の文章と，かつて好きだった人の文章しか読みません（^^）。

　労ばかりあって効果の少ない文集づくりには，私は積極的には関わらなくなります。^{＊3}

書き抜きエッセイ

　文集の指導から距離を置き，その後「書き始めの指導」を模索していた私は，読んだことを書くという指導をしていました。^{＊4}

＊2　かつては，鉛筆で書いた原稿を印刷するための用紙に転写するという方法を取っていました。この時，元の鉛筆で書いた文字が薄いと，印刷するための用紙に転写されなくて，大変だったのです。

＊3　今の時代は，いいですね。Google ドキュメントなどの「共同編集」機能を使って，あっという間に文集が作れます。どんどん作れますね。

＊4　この時期，30代の前半は，全国教室ディベート連盟などの立ち上げに関わって，話す・聞くの指導をしていたのですが，恩師の竹内常一先生に「池田，読んだら，書くを指導するのが大事だ」と言われていまして，この書き抜きエッセイも指導していました。

私は，読書感想文の指導は１回しかしたことがありません。最後に転勤した学校で伝統的に読書感想文コンクールに参加しているので，どうしても指導してほしいということからしました。それだけです。

私がしていたのは，読書意見文や読書エッセイ[*5]です。読んだものをきっかけに文章を書くというものです。月に１回の課題にしていました。やり方は，以下の通りです。

①月に１冊，お好みの本を読む。
②その本の中にある気に入ったフレーズ，気になったフレーズを書き抜く。
③その言葉を最初に引用し，「きっかけの言葉」を繋ぎにして，自分の考えを文章にして書く。

どちらかというと，読書指導から入ったのですが，意外と作文指導にも効果があると感じました。

この実践を思いついたきっかけは，高校時代の同級生の課題への取り組みです。読書感想文の課題が出た時，その同級生は，文庫本の最後にある解説の部分を適当に繋ぎ合わせて，自分の読書感想文として提出していました。明らかに剽窃です。ですが，まあ，スルーされていました。

私は，
（今の子供もしているだろうなあ）
と思いつつ，

（ん？　だったら逆に，積極的に，引用させたらどうだ？）

と思ったのです。出典を明記させて，引用させる。そのことによって，本を読まざるを得なくなるはずだと考えたのです。[*6]

（引用は，本から書き抜けばできる。次は，自分の意見にどう繋げていくかだ。そのためのツールは何がいいのだろうか）と考えたわけです。私が考えたのは，「きっかけの言葉」です。

---

①〜とある。実は私も〜だったことがある。

②〜とある。ところが，私の場合は，〜だったのだ。

③〜とある。しかし，これはよく考えてみるとおかしくないだろうか。

④〜とある。同じような話を聞いたことがある。それは，〜

ポイントは「引用＋意見＋事例・理由」の形式にすることです。意見の部分が，きっかけの言葉になっています。

この指示で書けるようになる子供がどんどん出てきまし

＊5　読書感想文を成立させるためには「つまらなかった」や「別に」という感想も認めなければならないと考えています。しかし，現在の読書感想文では，それは認められないでしょう。意見文なら「つまらない。なぜならば〜」と書くことを指導できるので，私は，こちらを取りました。

＊6　大学の授業では，非連続型テキストの読解として，映像でもこの「書き抜きエッセイ」をやってみました。文章だけでなく，映像でも問題なくできました。子供に同じ動画を見せて，「書き抜きエッセイ」をさせるのは，なかなか面白いと思います。

た。[*7] やはり，書き始めは固定するのがよいようです。

書き抜きエッセイの一部

書き抜きエッセイの廊下への掲示

　毎月提出される書き抜きエッセイは，良いものを私が選んで廊下に貼り出すことにしました。すると，面白い現象が起きました。子供たちは，貼り出された文章の前に立って読み合って，意見を言い合っているのです。文集を作成した時には生まれなかった光景です。

　そして，

「ああ，こういうふうに書けばいいのか」

などと，仲間の作品を読みながら，学んでいるのです。これは，私が文集作成の時に狙っていたものです。ここでそれが行われるようになりました。

　この実践は2年間続けたのですが，その時には，廊下に

貼るスペースがなくなるぐらいに，たくさんの作品が，良い作品として紹介できるようになっていました。

Point

時間順で書く子供に，時間順ではない方法で，安定した書き始めを示したい。安定していて，しかも，読者が飽きないもの。これを少しずつ考えていきました。

読者が読みたくなる文章を書こう

世の中にある文章は，次の3つに分けることもできます。

①読みたい文章
②読まざるを得ない文章
③読みたくない文章

全て，読みたい文章だけであればいいのですが，実際は，読みたくないけれども読まざるを得ない文章というものが

---

* 7　1999年から始まった「2ちゃんねる」，さらには，2003年にはニフティがココログという blog（web log）サービスを始めるなど，書けない子供がいる一方で，どんどん書く人が増えているという，逆転現象が起きていました。2ちゃんねるは，匿名で書けるということもありますが，記事が最初にあって，その記事を引用する形で書き始めることができるのが，書きやすさの1つになっていたのではないかと思います。また，blog は，書いた文章に，閲覧の人数が表示されたり，コメント欄で反応があったりというフィードバックが書くモチベーションにつながったのではないかと思っています。この辺りが，最後に述べる「書き込み回覧作文」へと繋がっていきます。

多くあります。

　私は生徒たちにこのように話していました。

「君たちが書いた文章は，書けと指示しているわけだから，私は読む。これは，読まざるを得ない文章であることが多い。それでは，だめだ。読みたい文章を目指しなさい」

と。学校で書けと指示された文章は，教員が必ず読みます。読んでもらえます。これを続けていると，生徒は（まあ，書きゃあいいんだろ）というようになってきます。これで読みたい文章が書けるようになるとは思えません。最初の数行読んだだけで，続きを読もうという気持ちにならなくなります。

　そこで，私は生徒たちに語ります。

「君が村上春樹なら，どんな書き始めであっても，読者は最後まで読み通してくれるだろう。世界中にいる村上春樹のファンは読んでくれる。しかし，君も私も村上春樹ではない。だから，書き始めを工夫しよう。（あれ，これは，なかなか面白そうだぞ）と読者が思ってくれて，その先を読んでみたくなるような書き始めにしよう」

と。そのために最初に私が出した指示は，次のものです。

①最初の３行を読んだだけで，次が読んでみたくなる

書き始め

②なんだかよく分からないけど，この先を読んでみた
　くなる書き始め

③この先の展開が予測できないような，書き始め

　この3つをイメージして書き始めるとよいということを
説明しました。[*8]ですが，お分かりの通り，この指示で書き
進めることのできる生徒は，ごく僅かです。ほとんどの生
徒は，指示の意味は分かるけれども，実際にどうやればい
いのかが分かりません。

インパクト順で書く

　そこで，指示を具体的にします。

①イメージの花火の中にある書こうとしているものの
　中で，あなたが一番盛り上がったと思う場面を探し
　なさい。

②その盛り上がっていた場面で，聞こえていた音は何
　かを考えなさい。

③その音が実際に聞こえた音なら，鉤括弧で，心の中
　の音なら，丸括弧で括って，1行目に書きなさい。

　つまり「一番盛り上がっている場面で聞こえた音を書き

---

*8　繰り返し確認します。今は，体験作文の書き方について考えています。
　論文の文章は，パラグラフの最初に結論がきます。文章の書き方は全く違
　いますので，ご注意ください。

初めにせよ」ということです。この指示で多くの生徒が書けるようになりました。

　最初に音から始まる文章は，その音を聞いただけでは読者には，よく分かりません。よく分かりませんので，（何だろう？）と思ってくれます。そして，読者を文章の奥に引っ張っていってくれます。

　中学校１年生の生徒が，実際に書いた書き始めを見てみましょう。指導をする前に書いた文章が a です。指導後に順序を変えたのが b です。

```
┌─a─────────────────────────────────┐
│ 合唱祭の成績の発表の瞬間が近づいてきた。      │
│ 実行委員の先輩がステージに向かっていく。      │
│ 私は最優秀賞は絶対うちのクラスだと思ってた。   │
│ （あ～神様！）                      │
│ この時は祈りに祈った。                 │
└───────────────────────────────────┘
```

```
┌─b─────────────────────────────────┐
│ （あ～神様！）                      │
│ この時は祈りに祈った。                 │
│ 実行委員の先輩がステージに向かっていく。      │
│ 私は最優秀賞は絶対うちのクラスだと思ってた。   │
│ 合唱祭の成績の発表の瞬間が近づいてきた。      │
└───────────────────────────────────┘
```

　同じ文言であっても，構成を変えるだけで全く印象が違うのではないでしょうか。

この指示によって，書き始めは「音」で固定することができたため，書きやすくなりました。[*9] また，生徒一人一人の書き始めは，それぞれ聞こえている音が違うことで，バラエティに富むということも可能になりました。この，一番盛り上がった場面で聞こえた音から書き始める書き方を，「インパクト順で書く」と名づけることにしました。

Point

読者が，読みたくなる文章を書かせたい。そのためには，少し，何だかよく分からない書き始めにするとよい。具体的には，クライマックスで聞こえた音から書くとよい。

さらに工夫をしてみる

読みたくなる文章の工夫として，書き始めの工夫の他に，もう1つ大きな工夫があります。それは**読みたくなるタイトル**です。生徒の中には，テーマとタイトルの違いを理解していない人もいますので，そこの説明から始めます。

「テーマというのは，範囲と考えてもいいね。体育大会のことで作文を書く時に，合唱コンクールのことで書かない

---

*9 捜し出してきた「音」は，ある意味，書き抜きエッセイの「書き抜き」の部分になっています。この音の書き抜きの後，その音の正体を書いていくことで，謎解きの効果を読者に与えます。書き抜きエッセイの構造を活用して，書き始めることが容易になったと考えています。

ということ。また，タイトルというのは，その文章独自の名前です。テレビでいえば，番組の名前です。バラエティというテーマであっても，いろいろな番組があるでしょ。見たくなるにはタイトルが重要だと分かるでしょ」

良いタイトルを付けるための練習方法

　読んでみたくなるような良いタイトルを付けるには，どのような訓練が必要でしょうか。私は次の3つの方法をさせていました。当時の国語科教科通信「志学」には，以下のような説明があります。[*10]

> 　一つめは，いくつものタイトルを見てみて，なぜこのタイトルが良いのか考えてみるという方法です。向田邦子さんのエッセイには『父の詫び状』というのがありますが，他にも『夜中の薔薇』とか『眠る盃』などがあります。これらのタイトルと文章の関係を見ると，（なるほどもっともだ）と勉強になることがたくさんあります。
>
> 　向田邦子さんは，本文の中にあるキーワードを選んで，本のタイトルにしています。読み始めてみて，なんでこのタイトルなんだろう？と分からない言葉がタイトルになっています。しかし，読み進めると（そういうことね）と分かる仕掛けになっています。
>
> 　二つめは，人に付けて貰うというものです。自分で書いた文章に，自分でタイトルを付けておきます。そ

して，タイトルを見せないで友だちに自分の文章を読んで貰い，そのタイトルを考えて貰います。すると，自分では思いも付かなかったタイトルを貰えることがあります。

　三つめは，世の中にある文章に自分でタイトルを付けてみるということです。たとえば，新聞のコラム（一枚目の一番下の文章）などにタイトルを付けてみるのです。もし，それが辛いのであれば新聞の四コマ漫画でもいいでしょう。その日その日の「コボちゃん」にタイトルを付ける。1ヶ月もやればかなり力が付くはずです。

ビーズ順で書く，謎かけで書く

　これは難しいです。中学生でこの順番で体験作文を書くことができるのは，ごく一部の子供だと思います。**ビーズ順**です。

　ビーズを針で拾って糸に通す。拾っている時は，それに何かの規則性があるようには思えません。ところが，最後に，ビーズの通った糸をピンと張ると，そこには見事な模様が表れていることが分かります。このように文章を書くというものです。これは，伏線の回収とも言えます。

　一番書きたいことの遠くからだんだん近くに寄ってきて書くという方法もあります。これは実は，イメージの花火

*10　文意を変えない程度に，補足をしてあります。

を使うと，やりやすくなります。

　イメージの花火では，中心にテーマがあり，その周りの
8升にテーマから想像した単語が8つあります。その8つ
は，さらに外側の升の中心に書き写され，その単語から想
像した8つの単語が書かれています。これをテーマから遠
いところから書いていくのです。

　たとえば，下のようなイメージの花火があるとします。

塩	染みる	流れる	タネ	塩	縞模様	8/31	自由研究	計算
辛い	汗	まつ毛	泥棒	スイカ	黄色	句会	宿題	間違い
拭う	滴る	飛び散る	空洞	緑	目隠し	未提出	忘れた	無くした
			汗	スイカ	宿題			
	夜遊び		夜遊び	夏休み	日焼け		日焼け	
			キャンプ	映画	帰省			
	キャンプ			映画			帰省	

夏休みのことを書くのに，「目隠し」から書き始めるのはどうでしょうか？　テーマが夏休みなのに，そこから「目隠し」は，なかなか出てこないと思います。「目隠し」のことから書き始めて，「目隠しといえば，スイカ割り」と繋ぐ。そして，「スイカ割りから，夏休み」と繋いで書くことができます。[*11]

　また，一見関係のないものを2つ並べて書いておいて，最後にその共通項で結ぶような書き方もあります。これは謎かけの手法をとっています。これも決まると美しいです。挑戦させたいものです。

最後を固定すると，説教臭くなる

　老婆心ながら。実は，最初を固定してうまくいったので，最後も固定してみようとあれこれやってみました。結論から言うと，失敗でした。なぜか文章が説教臭くなりました。興味のある方は，実験してください（^^）。

Point

　良いタイトルをつける練習の仕方はあります。子供に選ばせて，1つやってみるとよいと思います。また，高度な書き方として，ビーズ順，謎かけで書く方法もあります。

---

*11　「泥棒」もよいかもしれませんが，（夏は窓を開けていることが多いので，空き巣が増えるということかな）と想像されてしまうかもしれません。そんなふうにトピックを吟味させます。

作文は料理に似ている ?!

実践法 5

———— **実践法の概要** ————

　書く内容は得たし，書き始めることもできました。ここから先は書き進めることになります。ところが。生徒たちはここでまた１つの疑問を提示します。それが，「**どういう順序で書き進めたらいいか分からない**」というものです。

　一つ一つ，「次はこれだよ」と説明することもできますが，教師が大変。ここは，何かのたとえで説明してしまえないだろうかと考えました。そうすれば，１回１回説明をする必要がなくなります。さて，それは何でしょうか？

たとえるということ

　実は，学生から

「池田先生は，たとえがうまいです。私も良いたとえができるようになりたいです」

と言われることが割とあります。

　嬉しいことですが，

（おい，そんなに簡単にできるようにはならないよ）

と思うこともあります。

適切にたとえるというのは，実は難しいことです。「なりたいです」と言ったまま，何かたとえについて勉強するのだろうかと思うのですが，恐らくそんな勉強なんて存在するとも思っていないでしょう。

　たとえが見事に決まると，説明は良いものとなるでしょう。そこで，良いたとえが言えるようになりたいと憧れます。しかし，多くの場合はここまでです。ここでは，少し寄り道をして，良いたとえを作るにはどうしたらいいのかを考えてみましょう。

　以下の問題と答えは，『子供の「困った発言」に5秒で返す　教師の「切り返し」』（池田修著，明治図書，2021年）に収録されている問題と答えです。この例を使って解説をしてみましょう。皆さんも，解答例にあるたとえがどのように作られたのかを考えてみてください。

問題
「漢字なんてスマホがあるのに，なんで覚える必要があるのかわからない」
解答例
「車を運転するとき，いちいち教則本を見ながら運転するの？」

　解説しましょう。ここでは，スマホを交通法規の載っている教則本でたとえていることが分かります。なぜ教則本

でたとえているのでしょうか。適切なたとえを見つけ出すためには，次の３つのポイントに適合しているものを瞬時に見つけ出す必要があります。

ポイント①　聞き手に興味のあるものでたとえる

　自動車教則本は，自動車の運転免許証を取るために，勉強する本である。教師は，この発言の子供が，将来自動車を運転する可能性が高いと判断したため，興味をもつであろう自動車教則本を取り上げている。また，もし，教則本での反応が悪かったら，ゲームの攻略本やYouTubeに置き換えることができる。

ポイント②　一見関係のないものにたとえる

　関係を感じられないものほど，印象深くなる。（え，そんなの関係ないじゃん）と相手に思わせた上で，ひっくり返すことで，インパクトを与えることができる。今回の自動車教則本は，比較的分かりやすいものかもしれない。一見関係のないものではあるが，その関係はすぐに分かるだろう。

ポイント③　構造の似ているものでたとえる

　漢字の読み書きと，自動車の運転は，それをするために，知識やスキルを貯めておく必要があるという構造が同じ。構造が同じなら，本来は説明も同じになるはずなのに，ならない。そこで，ひっくり返すことができる。

生徒は,「漢字の読み書きは,スマホですぐに調べられるから,覚えなくてもいい」としている。教師は,「自動車の運転のための技術や法律は,教則本ですぐに調べられるから,覚えなくてもいい」とはならない。覚えておくものだとしている。同じように,漢字の読み書きも,覚えておくものだとなる。

　ただし,このたとえを作り出すためには,大事なものがもう1つあります。それは,「信念」です。ここでは,教師の側に「最低限の知識はもっておくことが大事だ」という信念があります。この信念を土台にして,このたとえによる切り返しは成立しています。

　学習者に届く適切なたとえを作るというのは,実はそんなに簡単なことではありません。しかし,ポイントを押さえて練習することで,できるようになっていくと考えています。

> ## Point
>
> 　聞き手に興味があるもので,一見関係がなさそうに思え,構造が似ている,という3つのポイントを押さえることのできるたとえを捜します。練習をして身につけます。

推敲は,味見では?

「作文を何でたとえればよいのか?」と考える時間が少

しかありました。文章を書くというのは，かなり複雑なプロセスを経て行われることなので，簡単に適切なたとえを見つけることができないでいました。

　そんな時ふと，

（あれ，推敲って，料理の味見では？）

という閃きがありました。この閃きによって，右の表に一気にまとめることができました。そうです。作文は，料理に似ていたのです。

　小学生の頃から，親に料理をしろと言われて，あれこれ作ってきた私ですが，まさかそれが中学校の国語の教師として作文指導をする際に，意味をもつとは驚きました。小学校５年生の池田少年に，

（おい，今やっているその料理，後で大きな意味をもつから，どんどんやっておくんだよ）

と言ってあげたいです（^^）。

　授業では，作文は家を建てることに似ていると説明した生徒もいました。いい線いっています。ですが，これでは「聞き手に興味のあるものでたとえる」という点で届かないと説明しました。建築に興味のある子供には届きますが，それ以外には難しい。しかし，料理であれば，程度の差こそあれどんな子供にも届きます。

　授業では，右の表を黒板に書き写してノートに書かせました。その後，それぞれの項目について説明をしました。

作文は料理に似ている?!

番号	項目	課題	料理では	作文では
1	前提	目的	美味しくてお腹一杯になるカレーを作る	面白くて読みやすい作文を書く
2	準備	テーマを決める	カレーを作ってくれと頼まれた	体育大会の作文を書くことが課題に出た
3		材料を確認する	冷蔵庫の中を見る	『イメージの花火』
4		不足材料を足す	買い物に行く	友だちへの確認
5		下準備を行う1　素材	使える材料・使う材料を吟味する	書きたい材料・読者が読みたい材料を吟味する
6		下準備を行う2　順番	調理する順番に並べる	資料のチェックと構成の確認
7		下準備を行う3　構想	内容と分量とインパクトを考える	仮のタイトル　1-8-1　3枚　書き出しの吟味　「　」や（　）から
8	制作	作り始める	時間の掛かるものから始める	原稿用紙が配られる　書きやすいものから始める　小見出しを入れる
9		途中で確認する	味見をする	推敲する
10		タイトルを付ける	食欲をそそるタイトルにする	ちょっと読んだだけでは分からず、読みたくなるタイトルを付ける　副題を付ける
11		見栄えを整える	盛りつけ	誤字・脱字のチェック　声に出して読み返す　異性になる
12	鑑賞	味わって貰う	食べて貰う	読んで貰う
13	評価	感想を貰う	美味しかったよ	『書き込み回覧作文』

準備はどうなっている?

　ここでもう一度,「作文は料理に似ている?!」の表を見てください。何が分かりますでしょうか。どこに目がいくでしょうか。私は,自分でこの表を作っていて改めて感じたことがあります。それは,**従来の作文指導では,準備の「3」から「7」の部分が全く行われていなかったのではないか**ということです。

　原稿用紙を配って,「さあ,書いて。好きなように,自由に書いて」という指示は,いきなり「8」からやるようにと指示していることになります。これはどういうことを意味しているのでしょうか。

　たとえばそれは,調理実習の時に,「はい,今日は調理実習でしたね。家庭科の調理室に集合してください」と先生に言われて調理室に行ったら,料理の材料も道具もない。それなのに,「調理実習をしてね」と言っているようなものではないでしょうか。

　料理の材料と道具があれば,技術の上手・下手の違いはあっても,美味しいかそうでないかの違いはあっても,とりあえず何かの料理はできるはずです。お腹が空いていれば,食べることでしょう。しかし,なければ全く無理です。

　また,別のたとえで言えば,プール指導の時に,「はい,今日は25mの自由型で泳ぎましょう」と先生に言われて飛び込み台に立たされ,泳ぎ方も知らないままに,泳ぐことを強制されているようなものではないでしょうか。

作文では，プールと違って溺れることはないのですけれども，実は，そんなふうに「溺れている」子供はたくさんいるのではないでしょうか。それは，溺れる子供が悪いのでしょうか。私には，溺れて当然としか思えません。

Point

　すぐに答えが出なくとも，ずっと考えること。気がついたら思っていた「片思い」のように考えること。アイデアはその時，湧いてきます。降ってきます。作文を料理にたとえる閃きも，そうして生まれました。

表にある言葉の解説1　準備

　表にある番号に従って，言葉の解説をしていきましょう。これまでに説明してきたところは，端的に行います。

①目的…面白くて読みやすい作文を書く

　特別活動では，行事の振り返りをすることを目的としています。それを前提とした上で，ここではさらに，目的を設定しています。

　作文を書く時に，目的を設定して書かせることは大事なことです。ただ，これは教師主導です。やがて，子供が自分で目的を設定して書けるように指導していく必要があります。

②テーマを決める…体育大会の作文を書くことが課題に出

た

テーマとは何かということを理解させた上で，課題を指示します。締め切り，執筆の量，注意点などはここで示します。

③材料を確認する…『イメージの花火』

テーマの体育大会について，頭の中にある関連しているかもしれない情報を書き出します。「6分で81升書け」は，経験的に適度なストレスを与える指示になっているようです。このストレスが，自分が自分にかけているブレーキを外してくれます。

書けないことの最大の理由は，（思いついたけど，こんなの書いても意味ないじゃん）という自分で**自分にかけるブレーキ**です。これをどう外すかが大事になります。

書き出された単語は，体育大会と一見関係ない単語である場合もあります。しかし，ここではその理由は考えません。**第一に優先することは，6分で81升に単語を埋めることです。**なぜ，この単語が浮かんできたのかを考えるのは，次のステップで行うことにします。情報を頭から取り出すことと，その理由を考えることは，別のステップであることが大事なのです。

④不足材料を足す…友達への確認

『イメージの花火』を使い始めの，最初の頃は81升は埋まらないこともあります。その際は，クラスの仲間たちと『イメージの花火』を見せ合いながら，話をさせるといいでしょう。話をしながら，思い出すこともあります。思い

出したら，追加して書かせればいいでしょう。

　ただし，『イメージの花火』には，本人が思いもよらないことが，記録されることがあります。本人にとってのマイナスの情報も書かれることがあります。そのため，交流する前に，『イメージの花火』をざっと確認させることが必要になります。本人が問題があると思った単語は，その場で消させておくといいでしょう。その上で，見せ合うことが問題のない子供同士で交流させるようにします。

⑤下準備を行う1　素材…書きたい材料・読者が読みたい
　材料を吟味する

　通常，作文指導では「書きたいことを書きなさい」と指導されることが多いかと思います。しかし，私はその立場を取りません。**「読者が読みたい，または，読みたくなることを書きなさい」**という指示を出します。

　私の指導では，必ず読者を設定して，作文を書かせます。そして，その作文はクラス内で相互評価を行います。読み合います。[2] そのため，作文に対するフィードバックがあり，本当に読者が読みたかったものが書けていたかどうかが分かります。筆者が書きたいもので，読者が読みたいものというトピックを選んでくることが理想ということになります。

　なお，完全に書きたいものを排除するわけではありません。3つのトピックのうち，1つぐらいは自分が書きたい

＊1　テーマとタイトルの違いについては，本書 p.89で説明しています。
＊2　後述する『書き込み回覧作文』です。

ものを書いていいと考えています。大事なのは，**読み手を優先する意識をもつ**ということです。

⑥**下準備を行う2　順番…資料のチェックと構成の確認**

　文章を書くために必要な資料が揃っているかの確認をします。書いている最中に必要な資料が出てくることはあります。しかし，書き始める前に現状で必要と思われる資料を用意しておくことは，スムーズな執筆には必要なことです。

　『イメージの花火』から取り出した，書くためのトピックを，インパクト順に並べます。また，自分が意図した構成で並べます。どうしたら，読者に作文の先を読んでもらえるようになるのかという観点で考えさせます。

⑦**下準備を行う3　構想…仮のタイトル／1-8-1／3枚 ／書き出しの吟味・「　　　」や（　　　）から**

【仮のタイトル】

　書き始める時は，仮のタイトルを付けておきます。ここでのタイトルは，テーマと同じと考えていいと思います。「体育大会」程度でいいので，付けておきます。こうすることで，自分が何について書こうとしているのか，分かりやすくなります。単純なことですが，効果はあります。

　ただし，間違えてはならないのは，これはあくまでも「仮の」ということです。書き終えてから正式なものにします。文章というのは，実に面白いもので，書こうとしたものと書き上がったものは，ズレます。それなりに準備をして書き始めても，書いている最中に変わっていくもので

す。体育大会のテーマからはずれることはあってはなりません が，エピソードの追加や削除による分量の変化，また，文章の中心にしたかったことなどがズレていきます。書き終えた段階で，読み直し，どういうタイトルにすればいいのかを考えて，正式にタイトルをつけていきます[*3]。

【1−8−1】

　1−8−1とは，文章全体の構成の比率です。プロローグ，本文，エピローグの割合です。プロローグとは，本文を読む時に，あらかじめ知っておいた方がいい情報です。たとえば，

> 　10月10日（土），体育大会があった。中学校3年間の最後の体育大会だった。この日は，晴れの特異日にもかかわらず，午後からは雨が降り始めるという天候であった。

のようなものです。

　ここでは，最後の体育大会であるということと，午後から雨という情報が，本文を読んでいくにあたって重要な情報になることを踏まえて書いています。ある種の伏線と考えてもいいかもしれません。

　エピローグは，本文への追加の情報。その後の様子などを書きます。ただ，3枚程度の作文では，省略することも多くあります。

[*3]　本書 p.90に，良いタイトルをつけるための練習方法を示しています。

【3枚】

　なぜ，原稿用紙は３枚にしているのでしょうか。学校の作文は，多く書いた方が，意欲的な作品として高評価を受けることが多くあるのではないでしょうか。３枚より５枚。５枚より10枚と。しかし，本当でしょうか。私は高評価される作文のために，漢字をひらがなにしたり，多くの会話文を入れて改行をしたりして，枚数を稼ぐという「テクニック」を使って書く子供がいることを知っています。イケダ少年のことです（^^）。しかし，そんな作文が，本当に振り返りのための作文になっているとは思えません。

　中には，本当にたくさん書きたいことがあって，枚数が増えてくる子供もいます。その子供には

「あなたが10枚書きたいことの中で，一番いいところを３枚にまとめて書いてきてください」

と指示します。

　確かに，10枚の作文を見事に構成して書く子供もいなくはないです。しかし，それは稀なことです。そして，そのぐらいの力量をもっている子供には，読み手に負荷をかける多くの枚数ではなく，３枚で勝負する力をつけてほしいと思っていました。[*4]

　原稿用紙３枚の分量には，テーマについて３つのトピックを書くことができます。体育大会で読者が読みたくなることを２つ，筆者が書きたいことを１つぐらいのイメージです。また，この分量であれば，お互いの作文を読み合って相互評価する際，もう少し読みたいというぐらいの分量

になると経験的に理解していました。

【書き出しの吟味】

　書き出しの吟味は，すでに述べました。「一番のクライマックスで聞こえた音」から書くとよいということです。その結果，実際に聞こえたなら，鉤括弧で書き始め，聞こえない心内文であれば，丸括弧で始めるというものです。

　実は，他にも工夫してみました。その時の，匂い，熱，触ったもの，味などです。そうです，**五感**です。これらを文章の冒頭に書き始めるということも，指導したことがあります。しかし，それはうまくいきませんでした。給食や調理実習の作文でない限り，全員がクライマックスで何かの味を感じているということはあり得ませんから。

　ただし，この五感で得たものを文章の書き始めに設定するという方法は，時にはうまくいくことがあります。オプションとして子供たちに教えておくという手もあると思います。

Point

　子供が書き始められるかどうかは，この準備がポイントになります。準備ができていれば，（早く書きたい！）という子供になります。丁寧にサポートしたいところです。

＊4　私が指導のゴールとしていたのは，中学校3年生で，50分で3枚の原稿用紙に文章が書けるようにすることです。高い指導のゴール設定ですが，これは，子供のゴールではなく，私の指導のゴール設定です。

　続いて，制作，つまり実際に書くところを見ていきましょう。

⑧作り始める…原稿用紙が配られる／書きやすいものから始める／小見出しを入れる

【原稿用紙が配られる】

　この段階で初めて原稿用紙が配られます。原稿用紙の使い方については，本書「見直し編」の p.30 に書いてあります。大事なことは，一定の書式に揃えるということです。子供たちはお互いに作文を読み合うことにしてあります。この時，書式が揃っていないと読みにくくなります。そのために揃えます。

【書きやすいものから始める】

　作文の構成をしてあれば，どこから書き始めてもいいかと思います。一番書きやすいところから書けばいいわけです。原稿用紙だと，書いた後に入れ替えをすることは難しいですが，デジタル入力なら簡単です。書きやすいところから書いていくといいでしょう。

　もし，原稿用紙で書いた後に順番を入れ替えたい場合，トピックごとに，書き始めは原稿用紙の最初から書くようにしておきます。そうすると，後から順番を入れ替えることが，トピック単位ではできます。原稿ですから切り貼りすることも可能ですが，それならデジタル入力で書かせる

指導をした方がいいでしょう。GIGA スクールの時代なのですから。

　どうしても文章が書けない時は，引用する文章などを書いておくというのも１つの手です。資料の文章を書き写しているうちに，エンジンがかかって書けるようになるというのは，大人になってからの私にもよくあることです。[*5]

【小見出しを入れる】

　作文は，小見出しを入れると読みやすくなります。小見出しの頻度はどのように設定するかと言えば，原稿用紙１枚につき，１つは入るというのを目安にするといいでしょう。通常は，１つのトピックに対して１つ設定します。

　では，小見出しはどのようにして作ればいいのでしょうか。３つの方法を紹介します。

---

①まとめを示す
②キーワードを示す
③段落の最初の１文を使う

　まとめというのは，小見出し以下に述べる部分の大雑把な説明と考えてもいいでしょう。たとえば，体育大会の最終種目のクラス別対抗リレーのことを書こうとするのなら，

＊５　私は１日の仕事を始める前に，15分程度，名文を万年筆で手書きで書き写しています。こうすることで，ウォーミングアップになる気がしています。名文のリズムで，自分の文章が書きやすくなるのです。いわゆる文章の神を下ろしてくるための方法は，その書き手によっていろいろとあると思います。書ける子供は，こういう方法をもっているかもしれません。聞いてみると面白いかも。

「クラス別対抗リレー，雨」のようにです。

キーワードというのは，小見出しの後に述べる部分で重要な言葉のことを言います。体育大会の最終種目のクラス別対抗リレーのことを書こうとするのなら，「転倒」のようにです。

段落の最初の１文を使うというのは，小見出しを付ける前の段落の，最初の１文を小見出しに使ってしまうということです。たとえば，

> （え，転倒？　雨で足元を掬われたのか？）
> エースの，池田くんがコーナーでスリップして倒れてしまった。信じられない。後続のクラスは，後半周までに迫ってきている。私たちのクラスからも，後続のクラスからも大きな声が出る。……

とあれば，

> **え，転倒？　雨で足元を掬われたのか？**
> エースの，池田くんがコーナーでスリップして倒れてしまった。信じられない。後続のクラスは，後半周までに迫ってきている。私たちのクラスからも，後続のクラスからも大きな声が出る。……

このように３種類の小見出しの付け方があります。全部同じパターーンだと読者も飽きてしまいますので，「３つと

も使ってみるといいよ」と促したいものです。練習なのですから。

⑨途中で確認する…推敲する

　料理の場合は，完成前にそこまでの出来具合を味見で確認します。そして，足りない塩を足すなどをして整えていきます。では，文章の場合はどうするのでしょうか。

　これは，**読み直すこと**につきます。

　この原稿を書いている私は，新しい原稿を書き進める際，その1週間ぐらい前に書いたあたりまで戻って，読み直しています。それから新しいところを書き進めています。

　こうすることは，何がいいのでしょうか？

　私が感じているのは，**文章のリズムが一定になる**ということです。本を書くには，かなりの長い時間が必要になります。全部書き終えてから，校正をして文章の間違いやリズムを整えるのですが，私は書きながらもそれをするのがよいと考えています。文章は，書き手のその時の体調や感情にも左右されます。これを長期にわたって一定に保ちながら書くというのはなかなか難しいものです。原稿用紙3枚であってもそれは同じことが言えるのではないかと思います。

　自分でも驚くのですが，文章の語尾がバラバラになることすらあるのです。デス・マス調でこの本は書いています。ところが，気がつくと，ダ・デアル調で書いていることがあります。読み直してみて，それを発見して驚くことがあ

ります。書いている時は，自分がダ・デアル調で書いていることに気がつかないのです。自分で書いているにもかかわらずです。

　後ろに戻りながら，前に進む。文章を書くというのは，そういうことなのだと考えています。

⑩**タイトルを付ける…ちょっと読んだだけでは分からず，**
　読みたくなるタイトルを付ける／副題を付ける

【ちょっと読んだだけでは分からず，読みたくなるタイトルを付ける】

　ダメなタイトルは，それだけで中身が分かってしまうタイトルです。「楽しかった体育大会」というようなものです。これを見た読者は，（ああ，それはよかったね）と思ってくれるでしょうが，（じゃあ，いいじゃん）となって，その先を読んでみようとは思いません。タイトルは，作品の顔です。作文を書くためのエネルギーの半分ぐらいは，ここに使ってもいいのではないかと思います。

【副題を付ける】

　私が一番最初に副題を意識したのは，グレープというフォークデュオグループの「フレディもしくは三教街―ロシア租界にて―*6」だったと思います。中学校1年生でした。「フレディもしくは三教街」では，何のことだかほぼ分かりませんが，「ロシア租界」という言葉があるので，日本ではないところの話だなあという推測ができました。

　副題の付け方は，小見出しの付け方と同じように考えていいと思います。特に，キーワードを付けるパターンで行

うことが有効でしょう。タイトルで大きな括りを示した後，自分が書いたことを絞る役割があります。

ただ，あまりにもはっきりと書きすぎると，これも「楽しかった体育大会」とさほど変わらなくなってしまうので，ここもどこまで書くのかは，読者の反応を見ながら試行錯誤するところです。

⑪見栄えを整える…誤字・脱字のチェック／声に出して読み返す／異性になる

【校正の難しさ】

　推敲，校正は文章執筆の要の部分ではないかと考えています。[*7]書き上げた時は，もう書き上げたことが嬉しくて気分も高揚しているので，いい文章が書けたと思っているものです。しかし，本当は，ここからが勝負なのです。

　書き上げた文章は，本当に自分が書きたかったことが書けているか。それは誤解なく相手に届く文章になっているか。誤字・脱字などはないか。同じ単語が漢字とひらがなで混在（「事」と，「こと」など）していないかなどの確認が必要になります。これが校正です。

　そして，この校正こそが一番難しいものなのです。その理由は，大きく２つあります。１つ目は，**筆者は正しいこ**

＊6　1975年に発売されたグレープの「コミュニケーション」というアルバムに収録されている曲。舞台は，中国の漢口（ハンカオ）。さだまさしさんのお婆さんが，青春時代を過ごした街。私は，この曲に憧れて，お婆さんが勤めていたホテルまで訪ねました。

＊7　『改訂新版　書く技術・伝える技術』（あさ出版，2019年）の著者である倉島保美さんは，「文章を書く時の肝は，推敲にある」と言われています。

とを書いているという思いがあるということです。当たり前ですが，作文を書いている本人は，間違えた言葉を使って書こうとは思っていません。また，読みやすい文章を書いていると思い込んで書いています。それは書き終えた段階でもそのように思っています。

（あーあ，間違った言葉で，間違った文章を書いてしまった）

と思って書き終える人はいないのです。これが，校正を難しくします。つまり，自分では正しいと思い込んでいるので，書き終えた文章に存在する校正しなければならない場所を見つけることが難しいのです。

　2つ目は，**情報の非対称性**というものです。簡単に言うと，ものを売る側と買う側では，その商品についての情報の格差があるというものです。これは，文章を書く際にも言えます。書く側と読む側では，書く側の方が圧倒的に情報をもっています。そのため，書く側は，

（そんなところまで説明しなくてもいいだろう）

と思って，説明を省きます。

　これを実感させるための，いい実験があります。次ページの写真を見てください。この写真を第三者に伝えるとしたら，どのような説明をしますか？　ジェスチャーなしで説明するとしたら，どうなりますか？　1分程度考えてみてください。どうぞ。

　はい，考えてもらいました。皆さんの答えは，以下のようなものでしょうか？

> ・黄色い一面の菜の花のような写真。
> ・画面の左側の上に，白いシャツとピンクのワンピースを着た幼女が写っている写真。
> ・菜の花は，上の1/3ぐらいが密度が高くて緑の葉っぱの部分は見えない。

　これはその通りです。しかし，ここに圧倒的に欠けている情報があります。それは，なんだか分かりますか？　それは，**「写真は，横置きです」**という情報です。皆さんは，これを思いつきましたか？　この写真を見ている人には，その情報が視覚的に入ってきます。だから，当たり前にな

っています。しかし，この写真を見ていない人には，当たり前ではありません。そして，この情報がないと，この写真を言葉で再現することはできないはずなのです。

　文章を書く時も，これと同じことが起きます。書く側は当たり前と思っているので書かない情報が生まれます。この，必要にもかかわらず書かない情報をどうやってチェックするか。ここは実に難しいところです。

【時間を置く，声に出して読み返す】

　では，この2つの問題を解決して，校正を的確に行うにはどうしたらいいか，考えていきましょう。一番的確なのは，他人にやってもらうということです。いきなり，諦めています（^^）。しかし，それが一番的確ではあります。編集者に読んでもらうというものです。

　その上で，編集者が簡単に手に入らない場合，自分でやらざるを得ない場合はどうするのかということを考えていきます。それは，**他人にはなれないけれども，他人に近づく，または他人のフリをする**という方法です。そのために一番良いのは，書き終えてから校正するまでに時間を置くという方法があります。

　私の場合ですと，雑誌原稿を依頼されると，大体その日のうちにアウトライナーというソフトを使って，アウトラインは書いてしまいます。そして，締め切りの2週間ぐらい前に書き始めて，理想的には締め切りの1週間前に書き上げてしまいます。その後，締め切りの2日ぐらい前に，

116

その原稿を読み直して校正します。

　これですと，最初のアウトライナーで書いた時のアイデア出しが一旦落ち着いた時に，原稿の執筆となります。そして，書き終えてからまた落ち着いて，自分の文章を他人の目で読めるようになるまで時間を取って，校正することができます。これが理想のパターンです。かなり他人になれます。

　1つ大事なことを付け加えます。**読み直す時は，声に出して読み直す**ということです。声に出して読み直す時，言い淀んだり，つっかえたりしたところは，多くの場合，文章の流れがおかしいものです。何か問題があります。表現の仕方を修正する必要があることが多いものです。ぜひ，声に出して読み直してみることを子供たちに伝えてください。

【異性になる】

　しかし，校正のためにこんなに時間がないこともあります。試験の小論文を書いた時など，声を出すことができないこともあります。その時は，どうするか。私が子供たちに勧めていたのは，**異性になる**というものです。黙読する時，自分の声で黙読するのではなく，異性の声に変えて読むというものです。

　男性なら，女性に。女性なら男性に変えるのです。私は加賀美幸子アナウンサーの声で読み直すことが多いです。加賀美さんは，女性でゆっくりと読むので，確認がしやすく感じています。

他にも他人になる方法があります。デジタル入力で書いた文章であれば，**いつも使っているフォントを，別のものに変える**ということもできます。フォントを変えると，文章の雰囲気は変わって，自分が書いた文章ではないように思えることもあります。他にも，**横書きを縦書きにする**という方法もあります。どちらも簡単にできて，効果のあるものです。

　さらに，とっておきの方法があります。自分の文章を英語にするというものです。DeepL などの翻訳サイト[*8]を使って，英語に翻訳してみます。すると，自分の表現したかったことが，うまく翻訳されない場合が出てきます。それは，もともとの日本語がおかしいのではないかと考えて，確認をします。

　文章で使っている単語の構成や，単語の感情の分析なども簡単にできるサイトがあります[*9]。これらを駆使するには，数年前は費用の面でもディバイスの面でも難しいことばかりでした。しかし，今なら十分に可能です。いい時代になったものです。

　ここに挙げた方法は，いかに自分の文章を他人の目で見ることができるようにするかというものです。他にもその方法がまだ見つかるかもしれません。子供たちに考えさせてみるのもいいでしょう。自分に一番あった方法が一番いいのですから。

Point

　文章を書くことの肝は，推敲と校正にあります。書き終えたらおしまいではなく，書き終えたら始まりなのです。ワープロを使って文章を書けば，かなり書きやすくなります。

＊8　DeepL
　　https://www.deepl.com/ja/translator
＊9　AIテキストマイニング（ユーザーローカル）
　　https://textmining.userlocal.jp/

作文を書いて，読み合う

実践法6

————————— 実践法の概要 —————————

　子供に書かせた作文は，その後どうしていますか？　学生に確認すると，何もコメントがないまま返却されたという声が多くあります。忙しすぎる学校教育現場では，十分にあり得ることです。しかし，反応のない返却で，また書こうという気持ちになるでしょうか。また，読者は先生でいいのでしょうか。振り返りはクラスでするはずです。

廊下に貼り出した後に考えたこと

　書き抜きエッセイの良い作品を廊下に貼り出すことを続けていたところ，廊下に貼り出すスペースがなくなるほど良い作品が出てきたということは，すでに書きました。

　文集を作っても読み合わなかったのに，廊下に貼り出したところ，子供は仲間の作品を読むようになったのです。これは，とても面白いと思うと同時に，やはり子供は仲間の文章を読みたいのではないかと思うようになりました。

　また，廊下に良い作品を貼り出すというのは，良い作品が少なかった頃はいいのですが，多くなってくると貼り出

されない子供に変なプレッシャーがかかるようになります。

　さらに，良い作品かどうかを教師だけが決めてしまっていいのかという問題があります。私は，**読者はクラスの仲間だ**と指示をしています。その場合，私には良さが分からない何かを子供は書いている場合があるかもしれません。それならば，教師が選ばず素のままの作文を読み合えるようにした方がいいのではないかと思うようになってきました。

　私が何とかしようとして考えていたのは，次の３つの条件を満たす方法はないだろうかというものでした。

> ・仲間の作品が読める
> ・自分の作文に仲間からのフィードバックが手に入る
> ・すぐに読める，すぐにフィードバックが得られる

　これが可能になる方法を見つけて実際にできれば，作文はかなり楽しくなるのではないかと考えたのです。文集を作るより，書き抜きエッセイの方が，この３つはよりできます。しかし，もっとできる方法はないかと考えていました。作文を書きたくなるモチベーションは，これら３つによって生み出されるのではないかと考えたからです。

鑑賞の時間があってもいいのではないか？

　体育大会の後の作文を子供に書かせて，先生は，回収し

ます。職員室に持ち帰って時間を見つけて読もうと思って，職員室の机の端の方に積み重ねておきます。

　そして，気がつくと1週間が過ぎてしまっていることに気がつきます。先生は（しまった！）と思いながらも，（1週間経っているのに返却しないのはまずいよなあ）と思って，ざっと目を通しただけでコメントどころかハンコも押すことなしに子供に返却します。

　子供は（1週間も時間があったのに，何も書いてないの？）と思うのです。それを受けて，（次こそは，先生がコメントを書くようないい作文を書くぞ！）とは思うわけがないのです。多くの子供は，何かコメント，フィードバックがあった方が，作文を書くためのモチベーションは上がるものです。

（そんなことは十分に分かっている。だけど，実際問題時間がない。部活動をして生活指導をして，一体どこでその作文を読むのだ）
という声が聞こえてきそうです。
　私もそうでした。
（一体，どこで時間をつくればいいのだろうか？）
と考えていました。

私の結論は，「授業中に読む」でした

　行事の後に振り返りをしようというのは，平成29年度の学習指導要領で明文化されていますが，それ以前にも特別

活動では振り返りとして作文を書いていました。ところが，書きっぱなしとなっていたわけです。書くことで振り返りになると考えられていたのかもしれません。しかし，私は書いたものが相手に伝わってこその振り返りだと考えていました。

　音楽の授業も美術の授業も，学習指導要領には「表現及び鑑賞の幅広い活動を通して」とあります[*2]。表現と鑑賞はセットのはずなのに，作文は表現だけになっている。これは何かおかしいなあという思いがありました。そんなある時，

（そうだ。授業中に，鑑賞すればいい）

と思いついたのです。鑑賞の時間を１時間設ければいいと考えたのです。そうすれば，作文を書いて，読み合うという本当の意味での振り返りができるのではないだろうかと考えました。

＊1　私は，もともとコメントはごく短く書いていました。「ん」ぐらいの時もあります。「子供が『ん』って何ですか？」と聞いてきますが，その時は，「君の作文は，『ん』という言葉ぐらいの内容なのだよ」と言っていました。そして，「『ん，んだ，んだな，んだんだ，なるほど！』…のように，いい作文には言葉が増えていくのだ。先生が時間をかけて書いてしまいたくなるような作文の時は，このように増える。５段階評価なのだよ。そして，その上は，学級通信などで紹介するというのがあるのだよ』と話していました。
＊2　「中学校学習指導要領（平成29年告示）」音楽，美術の「第1　目標」の冒頭。両方とも同じ書き出しになっています。

何のために書くのか理由が分からない

　子供が書けない理由の４つ目にも触れましょう。この４つ目の「何のために書くのか理由が分からない」という理由です。これには３つの意味があると私は理解しました。

　１つ目は，**作文を書くための意識が分からない**というものです。文章を書くためには，誰に向けて書くのかという**読者意識**と，何のために書くのかという**目的意識**が書き手にないと，通常は書けません。この本では，作文指導がうまくいっていない先生に向けて，作文指導ができるようになるために指導方法を伝えるという２つの意識を設定して書いています。

　これが中学生向けだったり，保護者向けだったりすれば，違う文章や文体になります。また，漢字を早く正確に覚えるための指導方法であれば，内容が全く変わってしまいます。当たり前のことです。

　しかし，私が調べたところでは，作文を書き始める前に，この２つを先生から言葉にして示されて作文を書いていたとアンケートに答えていた学生はわずかでした。もし，書き始める前に

「クラスの仲間が読者だと想定して，体育大会について，クラスの仲間が読みたいだろうなあと思う内容を書いてみましょう」

という指示があれば，「何のために書くのか理由が分からない」は，ずいぶん解消されると思います。[*5]

　2つ目は，**書いた後の作文がどのように扱われるかが，あらかじめ示されていない**というものです。

　自分の書いた作文がいつの間にか学級通信や学年便りなどに載っていた経験のある先生はいらっしゃいませんか？池田少年にはありました。その時，子供であった池田少年は，なんとなく先生に向けて作文を書いていました。ところがその作文が通信に，いきなり載ってしまったのです。びっくりしましたし，気まずかったのを覚えています。（それなら，最初に言ってよ。そのつもりで書いたのに）と思ったのも覚えています。

　体育大会の後の作文は，第一義的には，子供自身の振り返りのために書くものでしょう。私は，それに加えて，クラスの仲間を読者として，読み合うために書くということを説明しています。[*6]もし，ここまでの説明で書き始めさせ

＊3　この理由を挙げる子供は，書けと言われれば書けます。書けるのですが，この理由が分からないので，スッキリせずに，ただ，課題だからということで，ダラダラ書いています。

＊4　p.76のグラフを参照のこと。

＊5　ここでは，この目的を教師が設定して指示を出しています。しかし，文章を書くことは教師の指示で行うものだけではありません。最終的には，筆者自身が，この目的を自分で考えて設定して文章を書けるように指導していくことを，念頭に置いておくことが大事です。

＊6　「えー，人に見られたくない」という声が上がることもあるでしょう。「読まれてもいい文章を書くこと。読まれたくないことは書かなくて全く構いません」と答えるべきです。人に読んでいただく文章を書く練習をしているわけですから。

ていたのであれば，それは通信に勝手に載せてはならない
ものなのです。*7

**「クラスの仲間で読み合うけれども，いい作品は，学級通
信にも載せるからね」**

と予告しておくべきです。そして，実際に載せたいと決め
た時は，本人に「載せてもいい？」と確認すべきです。そ
の際，本名で載せるのか，ニックネームで載せるのかなど
の確認もするべきなのです。

　それがないままでいきなり公表をすると，場合によって
は子供からの信頼を失う可能性もあります。また今は，そ
の文章を写真に撮ってインターネットに勝手に載せられて
しまうということもあるので，書いた作文の取り扱いにつ
いて，文書で承諾を得ておくということも必要かもしれま
せん。

　3つ目は，**筆者が自分の作文に込めた意図を確認するこ
とができない**というものです。

　子供は，面白かったこと，感動したこと，悲しかったこ
と，悔しかったことなどを作文に書きます。しかし，この
作文が，先生にさっと読まれただけで返ってくるようでは，
それらのことが相手に伝わったかどうかを判断することが
できません。

　また，先生を相手にこれらを書いていれば，反省文のよ

うな文章になってしまいがちです。体育大会を振り返るというのは、反省ではありません。

　繰り返しますが、読者は、先生ではなくクラスの仲間です。読者をクラスの仲間にすることで、クラス全体で振り返りができるわけです。そうすれば、クラスの仲間から反応、フィードバックがもらえることになります。

　当時のブログでは、アクセス者数で反応が分かりました。今なら SNS で、瞬時に「イイネ」ボタンのようにフィードバックがきます。これが書く側のモチベーションに繋がっていきます。自分の思いや考えが届いたという実感が、書く意欲を生み出します。学校の作文もそうでありたいと考えました。

Point

　書く時の対象、書く時の目的を明示すること。また、子供の作文を読む時間を確保し、書いた作文へのなるべく早いフィードバックを行うことで、書く意欲を高めていきます。

＊7　ここで怖いのは、先生は、善意でやっているということです。良いことをしていると思ってやっています。しかし、これは通用しないでしょう。確認が大事です。

書き込み回覧作文

実践法 **7**

―――――――― **実践法の概要** ――――――――

　「作文は料理に似ている?!」の表では，まだ説明していないところがありました。それは，「⑫鑑賞…読んでもらう」と，「⑬評価…書き込み回覧作文」です。作った料理は食べてもらい，感想をもらう。ここまでで完結でしょう。作文も同じではないでしょうか。読んでもらい，感想をもらう。私はここまでやって，作文指導は完結だと考えています。

読みながら，書き込みをして，回覧するだけ

　実は，書き込み回覧作文をやるのは，簡単です。特別な道具も必要ありませんし，お金もかかりません。しかし，かなり効果がある。これがお勧めのポイントです。

┌─────────────────────────────┐
│ ①作文を用意する
│ ②一筆書きになるように回覧する
│ ③子供同士で短く，作文に直接コメントする
└─────────────────────────────┘

極めて簡単に言ってしまえば，これだけです。

　基本的にはこれだけなのですが，以下の条件は守らせて
ください。

---

a. 作文を書く時に，書き終えたらクラスで回覧して
　　読み合うことを伝えておく

b. コメントする内容は，共感と肯定のみ

c. コメントには，誰のコメントか分かるように，サ
　　インをする

d. 最後まで読んでからコメントするのではなく，読
　　みながらどんどんコメントをする

e. 間違った文字を発見したら，その文字に薄く○を
　　つける

f. 時間が来たら途中でも次の人に回す

　特に大事なのは，「a. コメントする内容は，共感と肯
定のみ」です。作文の初学者は，自分の作文に否定的なコ
メントが書かれるのを嫌がります。ベテランでも嫌なのに，
勉強を始めた子供はなおさらのことです。

　また，コメントは人様の作品に直接書き込むことになり
ます。そして，それは残ります。ずっと残るものに否定的
なコメントはさせないようにします。良いところだけにコ
メントをする。これで十分です。

　私は，３枚の原稿用紙で書き込み回覧作文をやる場合，

読んで書き込む時間は1分間を原則としています。本当に

【書き込み回覧作文の方法】

1.作品が一筆書きで回覧できる位置に座る。
2.タイマーの音に合わせて回覧する。通常1分間とする。
3.作品が来たら、読みながら短くコメントする。<u>コメントは、共感的なものか、肯定的なもののみ</u>とする。

《教卓》

① なるほど。 → なる or んだ
② 面白いなあ → w
③ それは驚き → ！
④ 悲しいね → 泣

4.明らかな漢字の間違いなどがあった場合は、その漢字の上に薄く○をつける。
5.コメントは、本文のコメントしたい箇所のすぐ近くに行う。
6.コメントの下に、自分の名前を書く。
7.1周するまで続ける。

備考

◆ 作文を書かせる段階で「この文章はみんなで回覧します」とあらかじめ伝えておきます。
◆ 10人読んだら、30秒ほど休憩を入れるといいでしょう。
◆ 時に、2周することもあります。コメントに、コメントがつきます。これも面白いです。
◆ あらかじめ教師がコメントした作文を回覧すると、教師の指導言を全員が読めます。
◆ 教師もこの中に入ると、授業中に作文の評価ができます。
◆ 作文を持ってこなかった生徒には、「忘れました」と書いた紙を回覧します。励ましの言葉を書いてもらいます。次回から、作文を忘れる生徒が激減します。
◆ 行事に負けた時これをやると、「どんまい」という言葉が溢れ、クラスがシットリします。

京都橘大学　池田　修

これでできるのでしょうか？　訓練された中学校３年生であれば可能です。

　「訓練された」というのはどういう意味だと思いますか？　速読の練習をさせたということでしょうか？　それは違います。ここでの訓練とは，**書く側の訓練**のことです。手書きで作文を書く時，「濃く，太く，大きく」書きなさいと私は指示を出しています。子供は，その指示を聞いて「濃く，太く，大きく」書きます。いや，書いたと思っています。

　ところが，この書き込み回覧作文をすると，「薄く，細く，小さい」文字は読みにくいことが分かります。自分の字が「濃く，太く，大きく」書いていないことに気がつきます。

　また，「濃く，太く，大きく」書かれている作文は，１分間でも最後まで読んでもらえて，コメントももらえます。しかし，そうでないと，最後までは読んでもらえないことが分かってきます。これを繰り返していくと，子供は，「濃く，太く，大きく」書くようになります。そうすると，訓練された中学校３年生であれば１分間で，読んで書き込みができる作文に仕上がっていきます。

＊１　私は，作文指導をする際，「たくさん書かせるとたくさん読まねばならない。しかし，読む時間がない」というジレンマを解決するために，速読教室に通いました。そこでのレッスンで，レッスン前と比べて５倍ぐらい速く読めるようになりましたが，それは活字だけでした。手書きの文字は速読には向いていないことが分かりました。

「君たちの人生の進路を決める瞬間には，手書きの文章が
これからも必要かもしれません。そして，その手書きの文
章を読む人は，君たちよりも遥かに年上の人たちです。そ
の人たちは，老眼になっています。薄くて，細くて，小さ
な文字で書かれていたら，最初から読む気にはなれません。
読んでいただける文字を書く。美しい文字でなく，読みや
すい文字を書くことです。相手のことを考えて文章を書け
る人は，それが相手に伝わります。それが，濃く，太く，
大きく書くということなのです」

　こんなことを話していました。

書き込み回覧作文をすると

　私が指導したクラスでは，以下のようなことが起きまし
た。

①ニマニマする子供が現れる（^^）

　書き込み回覧作文が終わると，自分のところにコメント
でいっぱいになった作文が戻ってきます。この時，まず間
違いなく，子供たちは返ってきた作文をニマニマしながら
読みます。ニタニタでもニコニコでもないのです。ニマニ
マなのです。私は，そのニマニマした子供の顔を見るのが，
とても好きです。

「返ってきたら自分の作文を読みなさい」

と一度も指示を出したことはありません。勝手に読み始め
ます。教師がすることは，タイマーをまた１分間セットし

て，ニマニマした子供の顔を見ながら待つだけです。

　仲間に受け入れられて，嬉しそうな，幸せそうな彼らの顔を見ていられるのは，担任の特権でしょうね。行事の，いい振り返りができたんだろうなあと思います。

②作文を忘れる子供が激減する

　子供が「忘れました」と言う時，本当に忘れた時もあれば，「できませんでした」「なくしました」「取られました」「捨てられてしまいました」などの意味の時もあります。特に「書けませんでした」とは言いにくいので，「忘れました」と言うことがあります。

　ところが，書けるように指導したこともあってか，「忘れる」は，本当の意味での忘れましただけになっていきました。そして，その本当の意味での「忘れました」も，激減しました。

　作文を忘れた子供は，白紙に名前を書いて，それを回覧します。そこに，クラスのメンバーから励ましの言葉が書かれるのですが，自分の作品に直接コメントをもらう機会を1回失うことになります。子供たちは，これが非常にもったいなくて作文の忘れ物をしなくなります。

③もっと書きたいと思う子供が出てくる

　忘れ物が減るということと同時に，もっと作文を書きたいと思う子供が増えてきました。
「先生，次の作文はいつ？」
などと信じられない質問が出てきます。私は子供にもう一度やりたいと言われたら，その実践はうまくいったと言っ

てよいという考えをもっています。

　うまくいったからもう一度やりたいというのもありますが，書き込み回覧作文に取り組んだ子供たちは，もっとうまい作文を書いてもっとたくさんコメントをもらいたいという気持ちにもなるようです。

　また，作文を書く時に，その目的は個人で設定せよという指示を出していました。笑わせたいのか，泣かせたいのか考えて，そのように書けと指示を出しています。それが，その通りに伝わったのかどうかは，コメントで確認することができます。自分の思い通りのコメントが得られるのは，してやったりで嬉しいわけです。

　以下は大学生にとったアンケートですが，このような結果が出ています。書き込み回覧作文が，作文を書く意欲に寄与していることが分かります。

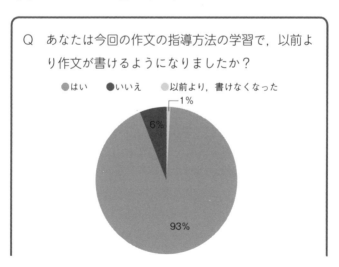

Q　あなたは今回の作文の指導方法の学習で，以前より作文が書けるようになりましたか？

● はい　● いいえ　● 以前より，書けなくなった

1%
6%
93%

Q　あなたは今回の作文の指導方法の学習で，以前よ
　　り作文を書く意欲が向上しましたか？

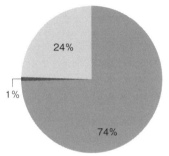

Q　作文を書く意欲が向上したと思っている人に聞き
　　ます。それはなぜですか？（複数回答あり）

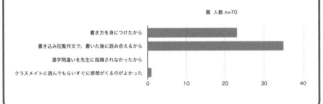

負けた時の書き込み回覧作文は，実にいい

　意外に思うかもしれませんが，行事で負けた時の書き込み回覧作文は，実にいいんです。負けたからやらないというのは，実にもったいないのです。

＊2　2022年度，教科教育法（国語）の受講生70人に行ったものです。

「悔しかったなあ」

「私があそこでミスしなければ」

「ああ，もう一度やりたい」

などという言葉が作文の中にあると，そこに

「大丈夫」

「どんまい，どんまい」

「次頑張ろう」

などのようなコメントが書き込まれます。それも多くの子
供から書き込まれます。

　このようなコメントのある作文は，子供たちにとって宝
物になると思います。中学生の思春期のど真ん中にいる子
供が，クラスの仲間から，どんまいどんまいと書き込んで
もらった自分の作文を持っている。立ち直れるどころか，
次へのパワーももらえることでしょう。

　行事で負けた時の書き込み回覧作文をした後の，何と言
えばいいでしょうか……クラスがしっとりする感覚を，私
は何回も体験しています。**負けた時こそ，書き込み回覧作
文です。**

批判的なコメントもほしいという子供が出てくる

　共感的なコメント，肯定的なコメントだけしか書かない
ように指示をして書き込み回覧作文を進めていると，実は
不思議なことが起きます。

「先生，批判的なコメントもほしいです。こうした方がい

いというコメントもほしいです」

という子供が出てきます。こういう意見が出てきた時は，クラスの子供同士の信頼関係が少し深まった時だと私は理解しています。嬉しいことです。

　ではありますが，クラスにはいろいろな子供がいます。「よし，じゃあ，次からは批判的なコメントもありにしよう」などとはしないことです。それは先生が決めることではありません。子供が自分で判断することです。自分が批判的なコメントがほしいかどうかの意思表明をすればいいのです。

「では，批判的なコメントもほしい人は，１枚目の原稿用紙の右上のところに☆印を書いてください。これがあった場合は，批判的なコメントも OK ということです。なければ，今まで通りで。どちらがよくて，どちらがダメということではありません。自分がしてほしい方が良いということです」

というように話して，実践していました。

　一斉授業の場合，どうしても指示やルールは統一していく方向になりますが，このように子供の希望に応じたやり方は，大事にする必要があると考えています。

3年生最後の学活で

　130ページの【書き込み回覧作文の方法】には，写真が

１枚あります。この写真を撮った時行われた書き込み回覧
作文は，私にはとても思い出深いものです。

　中学校３年生のクラスを担任していて，卒業を前にして
１時間学活の時間が余りました。その１時間は，クラスで
自由に使っていいということが学年会議で確認されました。
そして，私は子供に聞きました。
『何をしたい？』
と。すると，なんと
「書き込み回覧作文をやりたい！」
と言うのです。

『え？　サッカーとか，バスケットボールとか，なんかそ
ういうんじゃなくてていいの？』
「書き込み回覧作文がいいです」
『うーん，本当？』
「はい」
『でも，50分の授業時間だと大変だよ。たとえば，20分で
書いて，20分で回覧するとしても，40人だと半分しか読め
ないよ。そもそも20分だと，原稿用紙１枚じゃないかなあ。
それでいいの？』
「いいです」
「読むのは，１分でなくていいです。30秒なら，20分で40
人分読めます」

ということになりました。

『作文は何のテーマで書きますか？』
「卒業前の，今の気持ち！」
『なるほど。それでいいですか？』
「はい！」

ということで，最後の学活の50分で書いて回覧したものの
1枚を記念にその場で写真に納めたのが，この写真なので
す。

　子供たちは，このクラスの仲間たちと文章を書き合って，
読み合ったのがとてもよかったと思ってくれたのでしょう。

「あー，楽しかったなあ，書き込み回覧作文」
「もう，人生で書き込み回覧作文をすることはないのかな
あ。寂しいなあ」

なんてことも書いてくれました。
　彼らを卒業させたら，転勤が決まっていた私は，良かっ
たなあ，良かったなあと思っていました。

書き込み回覧作文のバリエーション

　書き込み回覧作文には，いくつかのバリエーションがあ
ります。これも必要に応じて使ってみるといいと思います。

①先生も中に入る

　子供が書き込み回覧作文している時に，先生もその流れの中に入ってしまいます。自分が書いておいた文章を流してもいいですし，読んでほしい本などを流してもいいと思います。

　先生が中に入ると何がいいのでしょうか。先生も授業中に子供の作文を読むことができます。そして，提出物のチェックや，必要なら評価もできてしまいます。まさに，指導と評価の一体化です（^^）。作文を職員室に持ち帰ることがなくなります。

②１／２で終える，２周する

　時間がない時は，クラスを２つのグループに分けて，書き込み回覧作文を行います。40人であれば，20人と20人のグループにして行います。これでもやらないことに比べると全く違います[*3]。

　また，**２周する**のも面白いです。２周すると，全員のコメントが読めるだけでなく，コメントにコメントがどんどんと付くようになります。これがまた面白いものです。アナログのメーリングリストのような感じでした。

③あらかじめ先生がコメントをしておく

　先生に余裕がある時は，**先生があらかじめコメントをしておいたもので，書き込み回覧作文をする**という方法もありです。子供たちは，

（へー，先生はこういうところを見てコメントをするのね）

と理解します。あまりやると，先生うけのいい作文を書こ

うとすることにも繋がりますので，適度にされるのがいい
かと思います。

④作品と名表を配る

　実は，作文以外にも，この書き込み回覧作文は使うこと
ができます。作文では直接コメントを書き込めますが，ワ
ークシート[*4]などには書き込むことは難しい。そこで私が実
践していたのは，**作品と自分の名前に印をした名表を一緒
に回覧する**というものです。

　名表は，クラス全員の名前があって，その横に書き込め
る場所があります。そこにワークシートなどの作品に対す
るコメントを書き込みます。

　もし，池田少年の作品とワークシートが回ってきたら，
コメントをする人は，名表にある，自分の名前の横にコメ
ントを書き込んで回します。これで直接書き込みのできな
いものでも可能になります。

⑤デジタル書き込み回覧作文

　GIGA スクールの時代です。パソコン上でも書き込み回
覧作文をしましょう。デジタル書き込み回覧作文です。簡
単です。共同編集機能を使います。ここでは，Google ド

＊3　子供たちは，廊下に机と椅子を出して。「学年全休で書き込み回覧作文
　　をやりたい！」と言ってくれていました。「何を馬鹿げたことを（^^）」と
　　真剣に考えませんでしたが，今思うとやっておけばよかったなあと思いま
　　す。
＊4　デートのプラン表，万葉集の多摩川の東歌が詠まれた場所を探すワーク
　　シート，文学史に登場する人物の履歴書を書くなどの「書く」の課題で，
　　ワークシートを作成させていました。

キュメントで説明をします。

> ① Google ドキュメントを開いて，ドキュメントの
> タイトルをつけます。右上にある青い「共有」の
> ボタンをクリックします。
> ②「一般的なアクセス」をクリックして，「リンクを
> 知っている全員」「編集者」に設定します。
> ③「リンクをコピー」して，「完了」をクリックしま
> す。

これで設定はできました。

> ④リンクを子供たちに伝えます。
> ⑤子供は，リンク先にあるドキュメントに自分が書い
> た作文をコピー＆ペーストします。[*5]
> ⑥1分間でコメントすることを指示します。自分の作
> 品の下にある作文から順番に読むこととします。
> ⑦子供は，コメントしたいところに，カーソルを移動
> して，コメントします。[*6]

これで，デジタル書き込み回覧作文ができます。[*7]

書き込み回覧作文までが，作文指導

いかがでしょうか。私は，作文指導は，この相互評価ま
でやることが大事だと考えています。

書きっぱなし，書かせっぱなしではなく，文集にするなどの手間をかけるでもなく，読者と目的を設定して，子供に書かせます。それは，仲間たちと共有され，体育大会の思い出として残っていくのです。ぜひ，書き込み回覧作文までご指導ください。

書き込み回覧作文がもっている意味

　この項目の最後に，少し大きなことを書いてみたいと思います。特別活動の振り返りを少し離れて，学校教育の役割とは何かということです。

　私が教師になった1987年は，**「教師の仕事は教えること」**ということは揺るぎなかったと思います。子供たちが理解しやすいように教えることのできる先生が良い先生である。これを否定するなんてあり得ないという時代でした。

　しかし，2022年。時代は大きく変わっています。私が信じて疑わなかった「教師の仕事は教えること」ということは，教師主体の授業づくりであって，パラダイムの違う学習者主体の授業づくりというものがあるとされるようにな

＊5　この段階で，文集になっているとも言えます。便利ですねえ。

＊6　右クリックをすると，コメントという項目が出ます。または，ショートカットを使って，「⌘＋option＋M」（Mac の場合），「Ctrl＋option＋M」（Windows の場合）でも可能になります。

＊7　2020年，コロナ禍による遠隔授業が大学では急に始まりました。その際，このデジタル書き込み回覧作文をやってみました。画面上でしか仲間に会えないという欠乏感もあったかもしれませんが，学生たちにはこれはかなり好評でした。

りました。[*8]

　たとえば，学習者主体の学び，探究型の学習，個別最適な学習，EdTech による学習など，あらかじめ１つの答えが用意できない問いのある授業や，教師が一方的に教えるだけの授業ではない授業などがどんどん出てきました。

　もちろん，教師主導型の授業の全てをなくすわけにはいきませんが，大学の私の授業では，これらを視野に入れた授業の仕方を指導しています。大学ですので，基礎的なことを踏まえた上で，新しい授業を開発しつつ，学生たちにそれを教えています。そして，それが学生たちにどう受け止められたのかを測るために，独自にアンケートも行っています。[*9] そこに興味深い結果が出てきました。

アンケートから授業づくりを考える

> Q　全14回の授業を振り返り，小学校の教員になったらぜひやってみたいと考えたトピックを３つ選びます。そして，それぞれについてなぜやりたいと考えたのかを書きなさい。そのためには，自分にどのような勉強や学びが必要なのかについても書きなさい。600字以上で書きなさい。多い分には構いません。[*10]

という問いに対して，30ぐらいのトピックが学生たちから提出されました。そのうち，トップの８つを書き出してみ

ると以下の通りです。

①俳句（句会）
②作文指導（書き込み回覧作文）
③ディベート
④ひらがな・カタカナトランプ（学習ゲーム教材作り）
⑤たほいや
⑥読書指導（味見読書，ブックトークを含む）
⑦漢字指導
⑧間違い探し作りの読解指導

これをどう読むかです。

　私が提案しているのは，**国語科を実技教科にしたい**という
ことです。それを具体化するために「作って学ぶ・遊ん
で学ぶ」を取り入れているので，その傾向が強いことは，
この結果からも分かります。

　では，他に何が特徴としてあるのかと，この結果を見て

＊8　教師主体の授業と学習者主体の授業についての詳しい説明
　　は，小学館「みんなの教育技術」での池田修と藤原友和の
　　【指導のパラダイムシフト】の連載をお読みください。
　　https://kyoiku.sho.jp/collaborator/110746/
＊9　2022年の教科教育法（国語）の2クラス，合計で64名に聞いたアンケー
　　トです。合計得票数は，204票で，上の表の1位の俳句が19.6％，2位作文
　　指導が17.1％，3位ディベートが13.2％でした。平均は，6.3％で，中央値
　　は1.5です。
＊10　今回，理由については省略しています。

考えました。一見関係のないようにも見えますが，私には，
かなりはっきりとこれらの共通項を見ることができます。

これらの指導に共通していること，それは，

①集団で学ぶことが設定されている
②継続的に（繰り返して）学ぶことが可能になってい
る
③学習者相互の肯定的な feedback がすぐに得られる

ということです。

私は，もともと，学校で学ぶ意義は何かと問われれば，
「集団で」「継続的に」学べるということがキーワードだと
考えていました。オンラインの授業でもこれは可能だとい
うことは，一昨年からのオンライン授業の経験からも言え
ると考えています。もちろん，対面の方が授業はやりやす
いですし，学生たちもその効果を確認しやすいのは言うま
でもないことですが，オンラインでも基本的には同じと考
えています。

ところが，今回のアンケートの結果を見ていて，**「③学
習者相互の肯定的な feedback がすぐに得られる」**とい
う項目もあるのではないかと気がつきました。

句会では，作者を隠して選句を行い，自分が選んだベス
トの俳句に対して，その句のどこがどのようにいいのかを
説明する鑑賞文を書くということもしました。自分の作品

146

が作品のクオリティだけで選ばれて，しかも肯定的な鑑賞文を書いてもらえるというのは，かなり嬉しかったようです。

　作文指導では，なんと言っても書き込み回覧作文です。ここでは，もちろん肯定と共感のコメントだけとしています。1つ例外は，漢字の書き間違いがあったら，薄く丸をつけておくぐらい。回覧後に手元に返ってきた作文をいつまでもニマニマ見ている学生たちは，中学生のそれと全く変わりません。書かせるだけ書かされて，コメントもない作文が返却される経験を多くしている学生たちは，このシステムに驚き，喜んでいました。

　ディベートは，ジャッジを説得するコミュニケーションゲームです。ジャッジに対して，いかに自分の根拠に支えられた主張が正しいのかを伝えるかです。そして，ジャッジはその議論を記録し，勝敗を決定し，ディベーターに伝える。つまり，feedback をしていることになります。

　すぐに，というのも大事な観点でしょう。feedback は，早ければ早いほどいいのです。今回のアンケートで上位にきた学習は，学習者の学習の結果や学習行動に対するfeedback は，全てその授業の中で行われています。俳句を作って，作文を書いて，ディベートの試合をして結果が1週間後だったら，誰もやらないでしょう（^^）。

　また，もう1つ付け加えれば，これらはある種の**反転学習**にもなっているという共通項があります。宿題の語源は

句会の「兼題」だと言われています。つまり，あらかじめ季語が与えられていて，句会の前に作っておいた俳句で句会をやるのが，宿題での句会なのです。私のこの３つの授業は，家であらかじめ課題をやってきて結果を授業で確認するという構造になっています。だから，ある種の反転授業なのです。

学校に来なくても，成立する授業は増えてくると考えられます。では，学校に来て授業を受ける意義はどこにあるのでしょうか。この問いに対して，書き込み回覧作文をベースにして授業づくりを考えてみました。

作文指導のみならず，国語の授業づくり，ひいては学校教育は，前述の３点を押さえた上でデザインしていくのがよいのではないだろうかと考え始めています。

Point

作文指導は，筆者への feedback がすぐに行われることが望ましい。そこまでが作文の指導と考えたい。その際，書き込み回覧作文は，１つの有効な指導方法になると言える。

＊11　坪内稔典『増補　坪内稔典の俳句の授業』黎明書房，2010年
＊12　その場で季語が与えられるのは，席題と言います。

アイデア編

今すぐ使える指導アイデア

このタイトルなら読んでみたい
コンテスト

――――――――――――――― **アイデアの概要** ―――――――

　タイトルの付け方は，「良いタイトルを付けるための練習方法」のところで書きました。本文からキーワードを抜き出して，それを使うといいということでした。ここでは，作文を書く前に，何が良いタイトルなのかを理解させるための方法を紹介したいと思います。本のタイトルがダメであれば，どんなに優れた内容であっても，読者はその作品を手に取ってはくれません。タイトルだけで勝負するという方法を，ここでは紹介します。これによって，タイトルの重要性が一層分かると思います。

読みたくなるであろうタイトルを考えさせる

　体育大会が終わって，作文を書き始める前に，最初にこんな指示を出すのもありです。

『これから体育大会について作文を書いていくわけですが，最初にちょっとタイトルについてレッスンしてみましょう。まだ，１行も書いていないと思いますが，もし，こんなタイトルの作文があったら読んでみたいと思えるタイトルを

考えてみてください』

と。

具体的には，以下の方法でやります。

【方法】

①作文を書く前に，このタイトルなら読んでみたいと
　思うタイトルを考えさせる。

②回収して，匿名で一覧にする。[*1]

③句会形式で良い作品を選び合う。自分のは選ばない。

④上位の3人の，名乗りを許す。

⑤良い作品はなぜ良いのか，意見を交換する。

正選句と逆選句を選ばせる

　ここから示すのは，実際に行った時のものです。

　この時は，34人のクラスで行いました。自分の作品以外
で良いと思えるタイトルを3つ（正選句），良くないと思
うタイトル（逆選句）を1つ決めて，挙手をします。そし
て，正選句の得点と逆選句の得点の差が，その作品の得点

---

*1　私は表計算ソフトに自分で打ち込みをしていました。しかし，今では，
　Google フォームに入力させれば簡単に一覧になりますね。その後，rand
　関数を使って提出の時間順に並んでいるのをバラバラにすればでき上がり
　です。今の人たちはいいなあと心から思います（^^）。

となります。

天地人の方式で選ばせる

なお，逆選句を選ぶのが難しいクラスであれば，天地人の方式でやるのもいいと思います。

【方法】

①良い作品を３つ選ぶ。

②１番良い作品を天とする。２番目を地とする。３番目を人とする。天は３点，地は２点，人は１点とする。

③挙手をさせて，その作品の合計点を出す。

④上位の３人の，名乗りを許す。

⑤良い作品はなぜ良いのか，意見を交換する。

これならば，良い作品だけ取り上げますので，痛みは少なくなります。

子供は，自分の作品が作品のクオリティだけで選ばれることに，とても喜びを感じます。匿名で作品を選び合う句会方式は，お勧めです。[*2]

振り返りをする

この時は，中学生生活最後の体育大会でした。そして，午前中の競技の結果，優勝の行方は，午後に行われるクラス対抗リレーの結果で決まる。どこのクラスにも優勝のチ

このタイトルなら読んでみたいコンテスト

番号	タイトル	正選句	逆選句	得点
1	走れ！若者達！	12	0	12
2	最後の体育大会	1	2	-1
3	一学期の祭り	4	0	4
4	最後から2番目の青春	3	0	3
5	宇宙最大の祭典	4	0	4
6	ケセラセラ	0	2	-2
7	最後の体育大会・・・	0	0	0
8	限界です。（涙マーク）	6	0	6
9	夏一番の青春	4	0	4
10	○○するまで、とれるまで	3	1	2
11	池田組　万歳！	4	2	2
12	人気に豆鉄砲。	4	0	4
13	思わぬひげき	1	0	1
14	是非ともとりたい金色のトロフィー	2	0	2
15	校庭のトラックで	2	0	2
16	中学最後の六月四日	6	0	6
17	2つの優勝	3	0	3
18	涙と汗の優勝	5	0	5
19	炎天下の中の大会	2	0	2
20	ながかった力あわせ	1	0	1
21	なる力！！　二連勝	1	0	1
22	やきにく定食	0	26	-26
23	暑い夏の最高の思い出	2	0	2
24	クラスおにごっこ	1	0	1
25	池田組、優勝あるのみ	1	0	1
26	勝つ気があるなら声を出せ！！	12	0	12
27	つかれた	0	1	-1
28	中学最後の見せ場	1	0	1
29	一つの行事が・・・	0	0	0
30	優勝あるのみ！	0	0	0
31	えっ、うそ！？　まじで！？	4	0	4
32	赤のけもまき	4	0	4
33	夢の中の忠告	5	0	5
34	いろんな涙	4	0	4

＊2　今回は参加していませんが，匿名だけに教師もここに参加することがで
きます。これもなかなか楽しいものです。

ャンスはあるという拮抗したものになっていました。

　この時の1位は，「走れ！　若者達！」と「勝つ気があるなら声を出せ‼」でした。前者は，リレーのことを言っているのが分かります。後者は，ちょっと説明が必要です。

　クラス対抗リレーが始まる時，私は，計時係として本部の前のゴールのところにいました。準備をしていたところ，入場門のところで，大きな声が上がっていました。円陣を組んで声を上げているのは，私のクラスでした。

（何だろう？）

とは思ったものの，持ち場を離れて見にいくわけにもいかず，そのままにしておきました。その後，そのことを忘れていたのですが「このタイトルなら読んでみたいコンテスト」にあったので分かりました。その円陣の中で，リーダーが「勝つ気があるなら，声を出せ‼」と叫んでいたのです。私が聞いたのは，その声に呼応した雄叫びだったのです。

　後者のタイトルは，その場にいた人しか分かりません。しかし，その場にいた人ならば必ず覚えていることです。それで作られたタイトルです。「このようなタイトルの付け方は，効果的ですね」とコメントをしました。

　集中砲火を浴びているタイトルもあります（^^）。「やきにく定食」です。受けを狙って冗談で書いたのかもしれません。いや，ひょっとしたら，優勝したら焼肉を食べに

いくということでも決めていて，それを書いたのかもしれません。しかし，このタイトルから体育大会について読んでみたいという思いは出てきません。子供たちは，バッサリと切り捨ててしまいました。

　想定している読者は，教師ではなくクラスの仲間としているので，クラスの仲間からの評価は意味があります。私がバッサリやるよりも，ある意味効果的ではないかと考えています。

　これらから，タイトルとは，**盛り上がった印象的なシーンを取り上げる**のがいいかもしれないと，子供たちは考え始めました。[*3]

Point

　通常タイトルは，作文を書き終えた後に考えさせます。しかし，時には「このタイトルなら読んでみたいタイトルコンテスト」のように事前に考えさせるのもいいでしょう。

---

*3　20年も前のことなのに，私は，はっきりと覚えているタイトルがあります。それは，「空に舞い上がった赤い鉢巻」です。子供たちが「優勝したら，頭に巻いている赤い鉢巻を空に投げよう」と決めていたらしいのです。実際に優勝して，彼らは空に投げていました。担任もしたかったのに，担任には教えてくれませんでした (^^)。

コピー作文／キャプション作文

アイデア**2**

　文章によって，何かを紹介することはよくあることです。その紹介によって，その何かは，良い評価に繋がったり繋がらなかったりすることがあります。

　ここでは，コピー作文やキャプション作文をすることによって，相手に訴える文章とはどういうことなのかを考える練習をしてみましょう。

コピー作文

　コピー作文とは，**宣伝のための文章などを書く作文**とします。複写のコピーとは違います。日本語では，惹句（ジャック）とも言います。[*2][*1]

　私は，このコピー作文を指導する時，以下の4つの要素を踏まえてポスターにすることを指示していました。実際に子供に出した指示を載せます。

コピー作文を活用した
パンフレットの書き方

コピー作文とは？

コピーには、①写し、複製、模倣と ②広告、文案、広告の文章の意味がある。ここでは②の意味で使っている。

今回は、自分の中学校を紹介するパンフレットを書く。

紹介するわけだから、良いところを売り込む必要がある。良いところだけを書く作文である。ユーモアが書かれていると良い。他の人が見つけることのないところを見つけると、良い。

コピー作文の構成

1）キャッチコピー
読者に広告記事を読ませるための、読者を広告に引きつける短い言葉。
「おや？」「なんだろう？」と思わせる文が良い。

2）ボディコピー
キャッチコピーの内容を詳しく説明したもの。
今回は、学校の様子を紹介するもの。

3）仕様・商品説明
製品の詳しい説明。
今回は、学校のデータなどを書くと良い。

4）ビジュアル
目に訴えるもの。
写真、文字、絵などでつくる。

課題

自分の中学校を紹介するパンフレットを作る。
良い作品は、中学校のホームページに載せる。

新聞広告の画像

---

*1 コピー作文の提案としては，大内善一『コピー作文がおもしろい―新しい作文授業（ネットワーク双書）』（学事出版，1997年）がその先駆けになるでしょう。

*2 本の帯のコピーを考えさせるという，コピー作文もあります。

このコピー作文は，特別活動の宿泊行事の事前指導でも使っていました。

①移動教室などの時，訪問先の事前学習をさせます。
②コピー作文で訪問先のポスターを作ります。
③それを複写して，宿泊先に送ります。
④現地の人に優秀な作品を選んでもらいます。
⑤現地で表彰し，しばらく現地に飾ってもらいます。[*3]

これは，訪問する予定の土地についての良いところの調べ学習を，コピー作文の形に整えたものです。現地の人が地元の良さを，外側からくる若い人の目で再発見することにも繋がり，とても喜ばれました。

この実践で教師は，作品の選考には全く関わりません。また，現地の人は，どんな子供かも分かりません。ある種の句会方式になっていると言えます。

キャプション作文

bokete[*4] という遊びがあります。写真に一言付け加えてボケるという遊びです。「笑点」の大喜利のような感覚です。たとえば，次のような内容の画像を示して，キャプションを考えさせます。

インターネット上で見つけた写真で，シベリアンハスキー犬が，上半身を起こして犬小屋の屋根に腕を乗せて寄りかかって，こちらを見ている写真です。

　この実践は，大学の国語科教育法でしました。その時の学生さんの１つのキャプションが，忘れられません。

「聞いた？　次の総理も安倍ちゃんだってよ」

というものです。第２次安倍内閣は2012年12月に発足しましたから，その直前に行った実践です。

　子供にインパクトのある写真を用意させて，お互いにキャプションを付け合うのも楽しいでしょう。もちろん，句会形式で選びあってもよいと思います。

＊３　賞品は，夕ご飯にヤクルト１本を，お願いした記憶があります（^^）。

＊４　写真で一言ボケて（bokete）（株式会社オモロキ）
　　https://bokete.jp　2008年からサービス開始。

非連続型テキストの読解

　実は，このコピー作文とキャプション作文の実践は，作文の授業のように見えていて，読解の授業でもあります。それも**非連続型テキスト**の読解です。

　テキストは，いくつかの観点から複数の種類に分類することができます。ここでは連続型テキストと非連続型テキストというものの分類を考えてみましょう。

　文部科学省の「PISA 調査における読解力の定義，特徴等」の HP には，以下の説明があります。[*5]

（イ）テキストの形式……連続型，非連続型
連続型　…文と段落から構成され，物語，解説，記述，
　　　　　議論・説得，指示，文章または記録などに
　　　　　分類できる
非連続型…データを視覚的に表現した図・グラフ，
　　　　　表・マトリクス，技術的な説明などの図，
　　　　　地図，書式などに分類できる

　私は，写真も非連続型のテキストの1種類と考えて読解のテキストとして使っています。ですが，これをメディアリテラシーの1つとして扱うものとしてもいいでしょう。

　写真や絵の読解は，一般的には美術の教育で扱われるものでしょう。しかし，画像に含まれている情報を適切に読み取るリテラシーは，通常の国語の中でも行われる必要が

あると考えています。

　なぜでしょうか。いわゆる携帯電話系のメディアの発達は，子供たちが情報に触れる機会を文字から画像へ動画へと変化させてきたからです。次の表をご覧ください。[*6]

小中学生を取り巻く携帯電話系メディアとその流れ

No.	回線の種類	名称	使用可能メディア	関連年	対象	アウトプット	SNS等の種類
1	有線	固定電話	音声	1952年 電信電話公社設立	聞き手の人間	相手の耳	
2	有線	呼び出し電話	音声	1970年	聞き手の人間	相手の耳	
3	無線	子機電話	音声	1987年	聞き手の人間	相手の耳	
4	無線	ポケットベル	着信音 ひらがな以外の文字	1985年頃以 1996年がピーク	着信先の人間	相手の耳，目	
5	有線	家庭用ファクシミリ	文字 画像 情報	1990年〜	着信先の人間	相手の目	・日本最初のホームページは1992年9月30日に発信
6	無線	携帯電話	音声 文字	1970年 大阪万博 1993年〜 ドコモ	聞き手の人間	相手の耳，目	
7	無線	カメラ付き携帯電話	音声 文字 写真	2000年11月〜 J－フォン	聞き手の人間 不特定多数へ	相手の耳，目，インターネット	・2ちゃんねる 1999年5月30日〜
8	無線	動画付き携帯電話	音声 文字 写真 動画	2003年3月〜 FOMA	聞き手の人間 不特定多数	相手の耳，目，インターネット	・学校裏サイト 2007年（滝川高校いじめ自殺） ・ブログ（niftyココログ）2003年12月〜
9	3G WiFi	iPhone 3G （スマホ）	音声 文字 写真 動画	2007年6月〜	聞き手の人間 不特定多数	相手の耳，目，インターネット	・前略プロフィール 2004年〜 ・mixi 2004年〜 ・YouTube 2005年〜
10	WiFi	iPod touch	音声 文字 写真 動画	2007年9月〜	聞き手の人間 不特定多数	相手の耳，目，インターネット	・ニコニコ動画 2006年〜 ・Twitter 2007年
11	3G WiFi	iPad	音声 文字 写真 動画	2010年5月〜	聞き手の人間 不特定多数	相手の耳，目，インターネット	・Facebook（日）2008年〜
12	LTE WiFi	iPhone 5 （スマホ）	音声 文字 写真 動画	2012年10月〜	聞き手の人間 不特定多数	相手の耳，目，インターネット	・LINE 2011年6月・

＊5　文部科学省「PISA調査における読解力の定義，特徴等」
　　https://www.mext.go.jp/a_menu/shotou/gakuryoku/siryo/1379669.htm
＊6　池田修「絵を主とした非連続型テキストの読解指導に関する一考察―教科教育法（国語）の授業を通して―」（2014，『学芸国語国文学』No.46，pp.85-93）

このように2000年のJ-フォンによる，いわゆる「写メ」の登場から，文字情報から画像情報，画像情報から動画情報へと変わっていくことが分かります。

ここへの対応については，平成20年度版の学習指導要領でも，扱うこととして書かれています。[*7]

学習指導要領では，2011年完全実施の小学校国語に，また，2014年完全実施の中学校国語に非連続型テキストに関連した指導項目，指導例が加わった。

具体的には以下のようにある。小学校では，「第3学年及び第4学年」の「話すこと・聞くこと」の活動事例として，「ウ　図表や絵，写真などから読み取ったことを基に話したり，聞いたりすること。」また，〔第5学年及び第6学年〕の「書くこと」の指導事項に，「エ　引用したり，図表やグラフなどを用いたりして，自分の考えが伝わるように書くこと。」とある。中学校では，「第1学年」の「書くこと」に，「イ　図表などを用いた説明や記録の文章を書くこと。」があり，また「読むこと」では，「イ　文章と図表などとの関連を考えながら，説明や記録の文章を読むこと。」とある。従来の日本の学校教育では，これらの内容は理科や社会科で扱われることが主であったが，ここに来てやっと学校教育の国語科で扱うことになったと言える。

面白いだけでなく，これらの作文の実践は，深いところでの学びも行っているのが分かるかと思います。

Point

コピー作文やキャプション作文は，文章によって何かを紹介することを目的としています。そのため，作文での「相手意識」を鍛えるものとして効果的です。相手に伝えることを自然と意識するようになります。

＊7　池田修「絵を主とした非連続型テキストの読解指導に関する一考察―教科教育法（国語）の授業を通して―」（2014，『学芸国語国文学』No.46, pp.85-93)

調べて書く作文

─── **実践法の概要** ───

　本書で示した体育大会の後の作文は，自分が体験したことをもとに書きました。体験作文です。これはこれで大事なことです。しかし，その先の作文にも挑戦させたいものです。国語の領域に入っていきます。

　ここでは，調べて書く作文と，調べて書いてから現地で確認するというものを紹介したいと思います。調べて書くというのは，報告文になります。それを履歴書，提案書，ミニ旅行記にして書かせました。これはどれも子供たちから，「もう一度やりたい」とリクエストのあった課題です。

文学史の履歴書

　平成10年版の中学校国語学習指導要領には，文学史について以下の注意書きがされています。*1

> 文学作品などの成立年代やその特徴などに触れる場合には，通史的に扱うことはしないこと。

　私が中学生の頃は，万葉集から始まって結構たっぷりと教えてもらいましたが，この時は，通史的に扱うことはし

ないという文言がありました。

　ただ，通史的に扱わないと面白くないこともあり，こんなアイデアを出しました。それは，それぞれの子供が調べた人物をまとめるというものです。１人が調べる文学史上の人物は，１名です。これをまとめて冊子にすれば，みんなで通史を学べるのではないかと考えました。

【方法】

①日本文学史上で重要な人物を，教師が一覧にする。

②人物には，実在の人物と架空の人物を提示する。

③なるべく調べる人物が被らないように調整する。

④履歴書のワークシートを配付して，書く項目を説明する。

⑤仕上がったものを印刷して，１冊に製本する。

　調べる人物が架空の人物の場合もあるので，履歴書の写真の欄は手描きの絵を推奨しました。また，子供の力量にばらつきがあるため，参考文献に漫画を入れてもよいことにしました。これで，坂本竜馬を選ぶ子供は，『お～い！竜馬』（武田鉄矢原作／小山ゆう絵，小学館）などを選ぶことができるようになりました。インターネットも十分に普及していない2000年代初頭の実践としては，子供たちはよく調べて書きました。[*2]

＊１　「中学校学習指導要領（平成10年12月）」国語，「第３　指導計画の作成と内容の取扱い　１(4)ウ」

日本文学史における 履歴書

【課 題】

以下の人物から一人、履歴書を書く人物を選ぶ。年齢は、実在編は今年生きていれば何歳かを書くこと。架空編は、その人物が活躍している中心の年齢を書くこと。基本的に日本文学にジャンルを指定する。その他を選ぶ場合は、池田に確認すること。

履歴書は、手書きで作成する。筆記用具はペンまたはボールペン。ペンの色は黒または青とする。修正液は使えない。ただし、似顔絵の部分は、濃い鉛筆で書いても良いものとする。「印」は各自工夫すること。参考文献は、四冊あげること。場合によってはそのうちの一冊は漫画でもよい。

実在編

1. 稗田阿礼
2. 倭建命
3. 万葉集の歌人
4. 大伴家持
5. 清少納言
6. 紫式部
7. 紀貫之
8. 古今集の歌人
9. 藤原定家
10. 源実朝

11. 吉田兼好
12. 高名の木のぼりといひしをのこ
13. 堀池の僧正
14. 鴨長明
15. 世阿弥元清
16. 西行法師
17. 琵琶法師
18. 熊谷次郎直実
19. 那須与一

20. 松尾芭蕉
21. 与謝蕪村
22. 小林一茶
23. 柄井川柳
24. 井原西鶴
25. 近松門左衛門
26. 水戸光圀(水戸黄門)
27. 宮本武蔵
28. 坂本竜馬

29. 夏目漱石
30. 森鷗外
31. 島崎藤村
32. 志賀直哉
33. 芥川竜之介
34. 川端康成
35. 太宰治
36. 宮沢賢治

37. 井上ひさし
38. 遠藤周作
39. 星新一
40. 椎名誠
41. 手塚治虫

42. 畑正憲
43. 向田邦子
44. 沢木耕太郎
45. 村上春樹

46. 高村光太郎
47. 萩原朔太郎
48. 谷川俊太郎
49. 茨木のり子
50. 正岡子規
51. 与謝野晶子
52. 石川啄木
53. 北原白秋
54. 若山牧水
55. 斎藤茂吉
56. 俵万智
57. 高浜虚子
58. 種田山頭火
59. 中村汀女

60. 孔子
61. 李白
62. 魯迅
63. その他

架空編

(1) かぐや姫
(2) 光源氏
(3) 大鏡の老人
(4) 桃太郎
(5) 一寸法師
(6) 浦島太郎
(7) ものぐさ太郎
(8) 鉢かづき姫
(9) 今昔物語の主人公を一人
(10) 犬塚信乃
(11) 弥次さん、喜多さん

(12) 坊ちゃん
(13) 太田豊太郎
(14) 名がない猫
(15) 鬼平
(16) 牧文四郎
(17) その他

履歴書

ふりがな	こぶとり		履歴番号 3146
氏名	こぶとり爺		

生年月日	平成12年 8月24日生	実年齢 千歳	男・女

住所	宮城県 仙台市 桃生町

文学作品上のジャンル	物語

身長	壱…キロ（推定）

年	月	日	履歴（学歴・職歴）
1128	8	0	仙台市桃生町に生まれる。
1135	9	7	母親に勧められ村で踊りを習い始める。
1141	11	23	隣町に住む女性（コブ）とお見合い、結婚をする。
1193	10	15	鬼達の酒盛りに参加し、こぶを取られる。
1208	12	90	良爺の家でおどろキヨ（87）に会う。
1209	2	90	キヨの後を追うように病気で他界。
			（推定）

性格（得意・短所）
玉家的義理深い、学芸的植物語ろ一二
（ともに仙台弁を用いる）
妹材料 本語（ともに中国大文献）

特技	踊り
趣味	のんきもの

左のこぶ踊り

本人

好物・野菜料理

鎌倉時代では一日三食だが、普段は、こぶ料理が木苺をもった生活をしている所が多く、山に住んでいたようであり、野菜料理をよく食べたと言われる。

・日本児童文学編 第146回社賞
・こぶとり爺さん 大川 悦生著 1993年 3月 31日発行 実業之日本社 270円
・こぶとり爺さん 青山 友輝編著 192年 5月 10日発行 奥野出版 1236円
・こぶとりじいさ 松谷 みよ子著 1964年 1月 1日発行 あかね書房 600円
・こぶとり 松谷 みよ子著 1976年 4月 30日発行 愛光社 1450円

*2 「どうしても2人書きたい！」とか、「外国の作家さんを調べたい！」という子供も出てきました。調べたいというエネルギーは、書く時のエネルギーになるのだとよく分かった実践でした。

履歴書

ふりがな	さいとう そうきち	
氏名	齋藤宗吉（北杜夫）	男
生年月日	昭和2年 5月1日生	

生所 東京都市阪（区再山町）○○下で、今

「どくとるマンボウ」シリーズ
文学賞　松上のジャンル

ユーモアか小説
自伝的エッセイ

年	月	学歴・職歴（学歴・職歴）
昭和9	4	6	青南（青南）尋常小学校 入学
昭和15	4	12	麻布中学校 入学
昭和20	8	18	旧制松本高等学校 入学
	9	19	阿佐ヶ谷署に自首、入学
昭和23	4	20	東北大学医学部 入学
	5	21	東北大学医学部卒 初講習
昭和24	春	21	武蔵区 文京区、に再び復帰 大学院デビュー
昭和24	2	24	大学院
昭和35	2	32	「どくとるマンボウ航海記」、ベストセラーになり
	5	33	「夜と霧の隅で」、川付、芥川賞受賞
昭和39	7	37	「楡家の人びと」で、付日、毎日出版文化賞受賞
		54	『輝ける碧き空の下で』、付け、日本文学大賞受賞

履歴書

平成13年 6月2日現在

ふりがな エルキュール ポアロ
氏名 Hercule Poirot

生年 1890 約 写真 Hercule
明治23年 年齢 50才 ⊕ Poirot
月 日 6ヶ月

現住所
ロンドンのホワイトへブン荘
ハースト・セントラル街14号棟B
ウォーター・ルー駅に一番近い所。
文学作品名 日本語名及び作品名

代表作品
アクロイド殺し

家族構成
独身である。
双子の弟がいる。

年	月	履歴（学歴・職歴）
	0	双子のベルギー人として生まれる。
		ベルギー警察の巡査部長となる。
1904		ジョン・カーブナー卿とビバリー・クロンビーの偽造事件を手がける。
		ベルギー警察を辞職する。
		キング・オブ・マート村の心ならずも殺し、誰にも知られずに静かに暮らす、この村で
		ポワロ、ヘイスティングスに引っ越してくる。
		偶然事件を手がける。
		私立探偵を始める。
1935		様々な事件を手がけ自らになげる（ABC殺人事件やオリエント急行殺人事件、いろいろダブラブル、ビッグ・フォー...）

きわだった性格

趣味 人間には見えない、壁の上のホコリを見付け出したりする様な埋めかたをする事が出来る。マッチの投げ捨てなどから目撃者である事が多い。

習慣 カボチャに変える

ロシチーズ、アスパラガス村で取れるポテトチャツを作りたいしていたという事から、カボチャを育てることが多いが、採のロミロ吐く。

好みのもの ウィーナー・ヘイスティングス

苦手なもの 自分の優秀な指でベイスティングスを愛ばせたり、整いがけのが事実でしてせるのないという事すら、友人はヘイスティングスである。

性格・特徴 カボチャも好きだけれどもポテトチャツも好き、カボチャの方が暮らす事だけれどもく食べるのが好きなのだろうから、好きな食べ物はポテトチャツ料理である。

その他 頭の調度、その頭の中はいつも訳のわからない灰色の脳細胞で満ちている。

氏名 ポワロには二つの言葉があって出かけないという顔を決めつつから灰色の脳細胞は名言である。

身長 小男

外見 卵形の頭と栗色の目どちらかというと小柄の体つき、自慢の髭の長さ（約160センチくらい）

ヘルキュールにしては体格の良いなあ、ヘイスティングスは事実からもわかる。

趣味 アクロイド殺し
スタイルス荘の怪事件 バロウ
ABC殺人事件 ミステリー小説
オリエント急行殺人 創元推理文庫、名作

誕生年 1974年
1924年
1987年
長身推理1954年

誕生明治、3年 30坪に、名前

デートのプランを立てる

　プレゼンテーションの資料を作るという実践です。何をプレゼンテーションするかと言えば，デートのプランです。中高生には恋愛ネタは鉄板です。ですが，これは伝家の宝刀としてやたらに使わないほうがいいでしょう。ここ一番で使うぐらいの気持ちでいいと思います。

　ここでは，インターネットを活用して調べて提案するという流れで行いました。

【方法】

①電子ファイルで雛形を配る。

②男子には，デートの相手の女子と想定した女性の簡単なプロフィールを渡す。女子には男子のを渡す。

③インターネットで調べて，項目を埋める。

④教師が回収して，男子のものに数字を書き込む。女子にも書き込む。

⑤男子のものは，女子に渡す。女子のものは男子に。

⑥良いと思われる作品を3つ選び，数字をメモする。

⑦集計して上位3作品は公表する。この作者は名乗ることができる。

　プレゼンテーションというものは，あらかじめ答えが1つに定まっていない正解を探す問いなわけです。コンペティションで比較検討されて，最善のものが選ばれるように

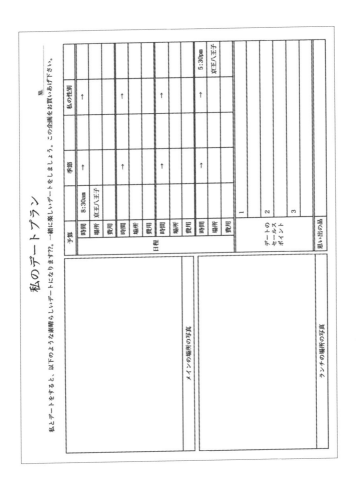

なっています。

　今回のデートプランの企画書は，名前を隠して男子のは
女子に，女子のは男子に渡して選んでもらうことにしまし
た。子供たちは，いきなり真剣になりました（^^）。

条件を設定する時に，子供に確認したことがあります。集合時間とデートの費用です。私は，当初駅に8:00に集合ということを提案したのですが，
「それだと，部活動の奴らに会ってしまう」
ということで却下され，8:30になりました。また，デートの費用を聞いたところ
「勝負のデートだったら，1か月分のお小遣いを使う」
と言うので，4000円となりました（＾＾）。

　同じ条件で，あとは何を調べるか。そして，それを分かりやすくまとめるかで勝負です。

　デジタル入力で文章を書くので，筆跡から提案者を推定することもできません。純粋に内容だけでの勝負となりました。

　発表の瞬間は，もう，本当に今でもはっきりと思い出せるものでした。女子の発表が終わって，男子の発表の順番でした。3位，2位と発表があって，いよいよ第1位の名乗りです。
「第1位は……どなたですか？　……」
と聞いたところ，
「僕でーす！」
とA君が大きな声で手を挙げました。その瞬間女子生徒たちは，一斉に，
「無理無理無理！」
と叫んだのです。

A君,

「ええええええ!」

と叫んでいました。

『大丈夫,君には才能があるんだから』

とA君をフォローしたのは言うまでもありません。

　A君や,男子の生徒たちが,

「先生,もう一度,もう一度やらせてください」

と懇願していた時の顔も,はっきりと覚えています(^^)。

　今ならどんなデートプランを立てるのでしょうか。中学生たちは。

「聖地巡礼」をする

　アニメ「けいおん!」のファンが,舞台となった滋賀県にある豊郷小学校に行くことなどから,有名になった「聖地巡礼」という言葉。もともとは,江戸時代に『源氏物語』のファンが,京都の宇治に行くなどをしていたこともあり,意外と由緒正しい遊びのようです。

　私が東京で勤めていた中学校は,多摩川の支流や流域にあることが多くありました。夏休みの宿題として,地元の文学作品を調べるというのを出したことがあります。それが,「万葉集の風景」という課題です。中学校2年生の夏休みの宿題として出しました。「けいおん!」の10年ぐらい前です。

　『万葉集』(巻十四　3373番歌)に,この歌がありま

す。

多摩川にさらす手作りさらさらに何そこの児のここだ
愛しき

　宿題の大きなテーマは，この短歌が歌われたと推定され
る場所に行って写真を撮ってくるというものです。見本に
は，私が撮影した多摩川の聖蹟桜ヶ丘近辺の写真を添付し
ましたが，生徒に配ったワークシートにはありません。

　場所は，学問上，この場所であろうと推定される場所で
もよし。また，この歌を自分で解釈してそのイメージに合
う多摩川の場所でもよしとしました。

　宿題では，このワークシートを画用紙に印刷して渡して，
各項目に答えて完成させるようにと指示を出しました。夏
休み明け，子供たちからは，私のところこそが一番適して
いる場所だ！　というプレゼンをたくさん受けました。

　平成29年度版の高等学校学習指導要領には，「古典探究」
という科目ができました。私は，中学生にこんな宿題を出
していましたが，これは古典探究そのものではないかなあ
と思っています。*3

　この宿題には，続きがあります。この時の子供が中学３
年生になった時，
「先生，今年の夏休みの宿題は何ですか？」

174

万葉集の風景

万葉仮名：多麻河泊尓 左良須弖豆久利 佐良左良尓 奈尓曽許能児乃 己許太可奈之伎
よ み：多摩川(たまがは)に、さらす手作り、さらさらに、なにそこの児の、ここだ愛(かな)しき

調査員氏名	年　　組　　番　　氏名		印
調査日時	月　　日（　）	調査場所住所	
ルート （場所の上には 時間も記入する）	自宅 →　　　　　　　　　　　　　　　　　　　→ 現地		
	現地 →　　　　　　　　　　　　　　　　　　　→ 自宅		
費用			
この場所を 当地とした根拠			
調査後の感想			
参考文献 （最低二冊書く）			
協力者氏名			

＊3　大学の国語科教育法でも，この日本文学の聖地巡礼という課題は出して
います。京都はそれこそ日本文学の聖地の宝庫です。「先生，私の実家の
裏山が大江山でした。登ったことがなかったので登ってきました」などと
言われました（^^）。因みに私が今住んでいる家の対岸が，「急がば回れ」
のルーツになった琵琶湖です。

と聞いてきたのです。

『いや，だって，君たち夏休みは，受験勉強でしょ。中3でしょ？』

と私は言いました。宿題なんか出す予定は全くありませんでした。ところが，子供たちは出してほしいというのです。中3の夏休みの宿題をねだられるなんて，初めてのことでした。中2の時の課題が相当楽しかったようです。また，受験勉強の息抜きに行きたいという思いもあったようです。

『うーん，じゃあ，今回は，小説や物語の舞台となった場所，アニメの舞台となった場所ということでどうですか？自分が好きな作品を選んで，そこに行ってみるということ』

ということでやりました。

　子供たちは，もうノリノリで宿題をやっていました。どこに行ったかと言えば，『耳をすませば』『となりのトトロ』『平成狸合戦ぽんぽこ』などジブリの作品の舞台となったところです。東京の多摩地区は，『耳をすませば』の聖蹟桜ヶ丘のように，ジブリのアニメのモデルになった場所がたくさんあります。そこに喜んで出かけて行き，アニメのシーンと同じ場所で同じポーズをとって写真を撮っていました。

　ワークシートの項目を見てもらうと分かりますが，単に写真を撮るだけではなく，それがその当地であるというこ

との証明をするために調べて書くことも求めているという
こともポイントです。

Point

　調べたいことを調べさせることが，最大の肝になり
ます。それが書くエネルギーになります。1冊にまと
めたり，句会形式や，コンペティションに繋げること
もできます。

お神籤作文

───────── **実践法の概要** ─────────

　新学期になると，「2年生になって」のような作文を書かせることが多くあります。小学校からこのような作文を書き続けてきた子供は，形式だけは揃えて書きます。しかし，面白みがありませんし，表面的なものばかりになります。さらに作文を指導する前に書かせることになります。

　私が思いついた「お神籤作文」は，遊び心をもって作文を書くことができます。また，子供の本心も見えることがあるようです。宗教的には何も関係ないことを説明して，1つの遊びでやるということでいかがでしょうか。

お神籤作文で解決できること

　お神籤の形式の原稿用紙に，それぞれの項目の内容を書き，その後クラスで抽選するという作文です。

　この作文は，お神籤ですので3学期の始めに行うのがいい作文です。しかし，新年度開始の時期にやっても子どもたちは喜びます。

　新年度には「今年の決意」などの作文を書かせることが多いと思います。しかし，年度初めの忙しい時間に実施する割には，以下のような問題点があると思われます。

- ・作文の書き方を指導する時間がない
- ・国語科の学級担任でないと作文の指導がしにくい
- ・子供たちは（またか）という思いで作文の手を抜く
- ・書き上げた作文をクラスで交流する時間がない
- ・子供たちの本音が出ているとは思いにくい

　お神籤作文では，この問題点をクリアすることができるように思えます。

お神籤作文のやり方

【方法】
①学期の最初の頃の学活で行う。
②お神籤を配り，「この空白のお神籤に，あなたが考えた内容を記入してください。回収して，クラスでお神籤として使います」と指示する。
③「責任の所在を明らかにします。名前も記入してください」と指示して回収する。
④担任が袋に入れて，子供一人一人に引かせる。
⑤引いたお神籤を教室の名表の，自分の名前の下に掲示する。

お神籤には，次の６項目を用意します。

①友人　②クラス　③金運　④健康　⑤学習　⑥名前

もちろん，クラスの実情に合わせて，「恋愛」「進路」「旅行」などを入れてもいいでしょう。

子どもたちは，以下のような内容を書きます。

①中吉　年賀状はしっかり返すべき。今からでも返せば大吉。

②大吉　ゆったりとした三学期を送れます。

③小吉　勉強に追われて体調を崩しそう。早く寝よう。

④小吉　お年玉をうっかり使ってしまうかもしれません。

⑤吉　　ただし，コツコツやらなければ大凶になるでしょう。

新学期・お手製おみくじ				
総合運				
友人	クラス	金運	健康	学習
名前				

お神籤作文の何がいいのか？

先ほどの問題点に関わって，少し考察してみます。

・作文の書き方を指導する時間がない

非常に短い文言なので，短時間で終わります。中学３年生で10分もあれば大丈夫です。教師の方で，書き方の見本を示してもいいかと思います。

・国語科の学級担任でないと作文の指導がしにくい

近くの神社でお神籤を引いてきて，それを見本に書かせることができます。また，フォーマットを教えておいてもいいでしょう。

①小吉，末吉，吉，中吉，大吉という言葉を書かせる

②「〜になるでしょう」と未来を予測する書き方を教える

③「〜をすると良くなるでしょう」という書き方を教える

これで書けます。

・子どもたちは（またか）という思いで作文の手を抜く

新しい形式なので，興味をもって取り組みます。

・書き上げた作文をクラスで交流する時間がない

お神籤を引いた後は，引いた人の名表の下に画鋲で貼り

付けます。子どもたちは休み時間にそれを見て，喜んでいます。

・子どもたちの本音が出ているとは思いにくい

　この作文では，お神籤の文言を書いているようでありながら，実は自分の希望や要求を書いていることが多いようです。つまり，「③健康　小吉　勉強に追われて体調を崩しそう。早く寝よう。」とあれば，相手に書いているように見えて，自分のことを書いている可能性があるということです。名表の下に貼り出したお神籤に書かせた名前を見ながら，その子どもの要求を理解することができるわけです。

配慮すること

①宗教上の取り扱いについて

　あくまでも遊びであって，宗教的な色合いはないのだということを伝えておきましょう。また場合によっては，実践しないことです。

②凶の扱いについて

　子供たちは「凶」を入れようとします。大人なら，
（今が一番悪いだけ。これからは良くなる一方であろう）
と流していくこともできますが，どの文章が誰に届くか分からないお神籤という性格上，学級の始まりの時期に凶を入れるのは避けた方がいいでしょう。

③欠席の子供がいた場合

　担任が欠席人数分のお神籤を書いておくことです。欠席

した子供が書かないと，自分が書いていながらもらえない子供が出てきます。また，欠席していた子供が登校してきた時に，自分のところにお神籤がないと悲しいわけです。

Point

マイナスの予言をさせないこと。これが一番大事です。「努力したら良くなる」という文言を，占いの言葉に１つ入れることも子供にお勧めしておくといいでしょう。

ディバイスを使った作文

──────── **実践法の概要** ────────

　GIGA スクール構想により，基本的に子供たちにはパソコン等が1人1台行き渡るようになりました。この環境整備を活用して，どんどん作文を書かせたいものです。

　手書きでは書くことが苦手だった子供たちも，どんどん作文を書くことができるようになるのではないでしょうか。

　（パソコン，私が苦手だからなあ）と二の足を踏む必要はありません。子供たちがどんどん上達していきます。そうしたら，教えてもらえばいいのです。それも教育です。さあ，始めましょう。

タッチタイプを身につけさせる

　脳波を読み取り，人工知能で解析して文章にするという技術は，2022年現在，すでに実用が可能になる領域に入っているかもしれません[*1]。

　しかし，この技術が一般化するまでに学校教育を受ける子供たちには，**キーボードで，タッチタイプで入力することができるようにする。**これが，パソコンというディバイスで文章を書かせる時に一番大事なことです[*2]。

タッチタイプとは，キーボードを見ないで入力することができるということです。キーボードを見ずに，打てるように，キーの場所を指に覚え込ませることが大事です。そのためには，最初はゆっくりと確実に狙ったキーを叩けるようにすることが大事です。スピードは，後からついてきます。

　学校単位で練習をさせるのには，スズキ教育ソフトの「キーボー島アドベンチャー」が定番です。小学生用ではありますが，中学生でも十分に通用します。先生が登録する必要があります。

　自分がどのぐらいの腕をもっているのかを確認したい時は，e-typing の「腕試しレベルチェック」をするといいでしょう。苦手なキーなども教えてくれます。

　歌詞を使ってタッチタイプを覚えるのもいいと思います。好きな歌の歌詞は，頭に入っていますから，視線があちこちにいく必要はありません。入力された画面に集中することができます。好きな歌を頭の中で歌いながら，その曲が終わるまでにうち終わる。これでいいかと思います。また，

＊1　Joseph G. Makin, David A. Moses & Edward F. Chang（2020）Machine translation of cortical activity to text with an encoder–decoder framework: *Nature Neuroscience volume 23*, pp.575-582.
　　　この論文によると，頭で考えたものがそのまま文章になり，精度は97％ほどもあるとのことです。
＊2　2022年度の大学3回生を見ていて驚きました。彼らはキーボード入力が圧倒的に苦手です。おそらく，彼らのファーストディバイスが，スマホだったからではないかと思います。フリック入力は早いです。しかし，キーボードを2本指で叩く学生が多く，指導しました。

この練習方法に応じたサイトもあります。
myTyping の「歌詞」のタイピングです。

　簡単な英語とアニメーションでタッチタイプを覚えたい
のであれば，"Typing Club" というサイトも
優れています。

　子供が自分に合っているものを選び，どんどんやらせる
ことです。タッチタイプができることが，この先，パソコ
ンで文章を書かせる時に，とても大事になります。

便利な機能，ショートカットを教える

ディバイスの便利な機能

　ディバイスで文章を書く時，手書きでは非常に面倒くさ
い作業が，簡単にできてしまう機能があります。これを教
えましょう。

　多くの子供が知っている機能は，コピー＆ペースト機能
です。しかし，これだけではありません。文章作成の際に
は，以下の機能は少なくとも教えたいものです。

---

①UN DO 機能
②検索機能
③置換機能
④校正機能
⑤インデント機能

---

①UN DO 機能

1つ前の作業に戻るです。これは実に便利です。失敗したらこれをすればいい。画面上に図を入れて移動した時，もとの場所がよかったなあという時は，これで簡単にもとに戻ります。

②検索機能

　文章の中にある言葉を探します。自分が書いた言葉が，文章のどこにあるのかなどを探す時に使います。また，PDFの文章を読む時，キーワードを探す時にも便利です。

③置換機能

　言葉を置き換える機能です。似たような言葉を1つに揃える時にも便利です。たとえば，「子供」と書いているつもりでも，「子ども」となってしまっていることがあります。その時は，この置換機能を使って，「子ども」を「子供」に簡単に統一できます。

④校正機能

　Googleドキュメントを使うと，自動的にこの機能は使えます。書いている文章に赤い波の下線が引かれている場合は，基本的におかしい表現とされるものです。また，青い波の下線が引かれているのは，注意を促されたところです。

　カーソルをその場所に持っていき，提案を受け入れるかキャンセルするかを判断することができます。

⑤インデント機能

　「書き始めは1升下げて書く」ということは，かなり子供に浸透しています。この「1升下げて書く」時に便利な

のが，インデント機能です。実際にやってみましょう。

①インデントを設定したいところを選択します。

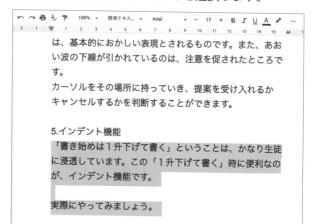

②画面の左上にあるインデントの青いマークの上の部分を
押さえます。「先頭行のインデント」と表示されます。
押えたまま右にずらします。（下の三角は別の機能です。）

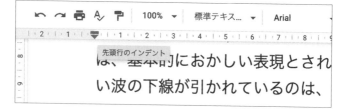

　これで一斉に変えることができました。子供たちは，こ
の機能を知らないと，スペースで１升分開けます。これで
すと，後でレイアウトを変えるときに，変なところにスペ
ースが残ってしまい，それを修正するのにとても大変なこ
とになります。インデント機能を使うことを教えましょう。

は、 ~~要求のルール~~ におかしい表現とされるものです。また、あお
い波の下線が引かれているのは、注意を促されたところで
す。
カーソルをその場所に持っていき、提案を受け入れるか
キャンセルするかを判断することができます。

5.インデント機能
　「書き始めは１升下げて書く」ということは、かなり生
徒に浸透しています。この「１升下げて書く」時に便利な
のが、インデント機能です。

　実際にやってみましょう。

キーボードのショートカットを教える

　また，マウスを使って操作するのではなく，キーボード
を使って操作する，**キーボードショートカット機能**も教え
たいものです。

　Mac の場合次のようになります。⌘は，command です。[*3]

> ① UN DO 機能
>
> 　⌘+Z（なお，iPhone の場合，シェイクします）
>
> ②検索機能，置換機能
>
> 　⌘+F，⌘+F の後に，：を押すと置換画面が出ます
>
> ③全てを選択，コピー，ペースト機能
>
> 　⌘+A，⌘+C，⌘+V

　これらを知っているだけで，書くことがかなり便利にな

---

*3　Windows の場合，command は，Ctrl になります。

るでしょう。[*4]

　Google ドキュメントでは，「ヘルプ」をクリックすると，一番下に「キーボードショートカット」というものがあります。文章を書く時に便利なショートカットがあります。これらを使うと，いちいちマウスに手を伸ばさずに，キーボード上で操作ができますので，便利です。

「作文は料理に似ている?!」の流れに従って書く

　タッチタイプもそれなりにできるようになり，ショートカットも覚えてきました。さあ，文章を書いていきましょう。書き方は「作文は料理に似ている?!」の流れに沿っていけばいいでしょう。

①ワープロは何を選ぶか

　では，文書を作るためのワープロは何を使うのがいいのでしょうか？　現状で私がお勧めするのは，**Google ドキュメント**です。

　理由は，以下です。

---

①無料で使える

②自動的に保存される

③ディバイス，OS を選ばない

④共同編集が簡単

⑤動作が軽い

　Google ドキュメントの使用は，インターネットに接続

していることを前提にしています。ですが，接続していなくても使えるようにもできます。[*5]

　簡単に説明します。

①無料で使える

　Google のアカウントを持っている人であれば，無料で使えます。

②自動的に保存される

　インターネット上の Google ドライブに，リアルタイムで保存されていきます。保存し忘れるということはあり得ません。

③ディバイス，OS を選ばない

　ブラウザで動くので，スマホでもタブレットでもパソコンでも使え，Mac でも Windows でも使えます。

④共同編集が簡単

　1つの画面に同時に複数の人が書き込める共同編集が，楽にできます。文集を作る時などにとても便利です。

⑤動作が軽い

　入力するとすぐに反応します。古いパソコンだと変換に時間のかかるワープロソフトもありますが，これはどんどん変換してくれます。

　このように，Google ドキュメントを使えば，基本的に

＊4　Mac のキーボードショートカットの一覧は，右記 QR コードを参照。
　　https://support.apple.com/ja-jp/HT201236
＊5　Google オフラインドキュメントを使います。

は問題なく文章を書いていくことができると思います。実際，この原稿もこれで書いています。この原稿を編集者の大江さんと共同編集状態にしてありますので，私が書いた原稿をすぐに読めて，本のレイアウトにするための原稿をすぐに取り出すこともできます。さらに，加筆・修正したものもここにすぐに反映することができます。

　子供のドキュメントを先生と共有しておけば，簡単に確認することができるでしょう。実に便利です。

アウトライナーやエディター

```
1.  日本の作文指導のなぞ
    a.  自由に書け，は指導か？
        i.  文章の書き方を教えているのか？
            1.  実は，教えている。
    b.  学活の作文の指導は誰がするのか？
        i.  小学校なら全科で担任が教えるが，中高では国語ではない先生も担任として書かせ
            る。
            1.  書かせ方は習っているのか？
            2.  行事のあとに書かせるのであれば，特別活動論で扱うべき内容だろう。
                a.  やっている。
    c.  原稿用紙の使い方は揃っているか？
        i.  学習指導要領が定めた「正しい」使い方はない。
            1.  便覧で統一。
        ii.  本来は，原稿を書くための用紙であって，清書用紙ではない。
    d.  作文の基礎体力を測定しているか？
        i.  400字を何分で書ける？　何分で打ち込める（ワープロ）
            1.  計画的に文章を書ける。
            2.  視写で学力も測れる
    e.  美しい文字を書かせようとしていないか？
        i.  読みやすい字を書く練習はしているか？
            1.  ◆　名言摸書
        ii.  丁寧に書きなさい。ゆっくり書きなさいで，子供達は書けるか？
            1.  一画を一秒で書くゲーム。
            2.  濃く，太く，大きく
            3.  早く，正確に
    f.  作文指導で漢字指導をしていないか？
        i.  したら，作文を書きたくなくなる。書けば書くほど指導されるのだから。
            1.  漢字指導は，別のところでやる。
            2.  漢字指導は色々とやり方がある。
                a.  薔薇
                b.  カタカナ
                c.  語呂合わせ
                d.  マンガ漢字学習材の開発に置ける研究
```

　ワープロの一部の機能を特化したものに，**アウトライナ**

ーやエディターがあります。

アウトライナーは，文章の構成を考える時に便利です。本書の構成を考える時に，アウトライナーを使って前ページのように案を練っています。[*7]

このように概念のレベルを階層化して視覚的に分かりやすく提示することができます。また，項目の移動も容易です。思考の整理にとても便利です。

なお，専用のソフトもありますが，Google ドキュメントにもその機能はあります。次のように選べます。

ワープロには，レイアウトのために様々な機能がついています。そのためパソコンの性能によっては，変換の速度が遅くなってしまうということもあります。そんな時は，ワープロを使わないで，**エディター**を使います。

エディターは，ひたすら文章を書く時に便利です。私はMac を使っているため，OmmWriter や iText Pro などを使っています。文章を書く環境に集中することができます。

*7　余談ですが，授業の指導案を作る時も，非常に便利です。

音声入力

　ここ数年の音声入力[*8]の進歩は目を見張るものがあります。相当な速さで，精度の高い変換をしてくれます。文章を書くということは，手書きの時代からデジタル入力の時代へと移り，そして今や，話すことが書くことになってきました。

　手で文字を書くことが文章を書くということだと信じて疑わなかった時に，ワープロが出現しました。その時，日本人は衝撃を受けました。しかし，音声入力はそれ以上の衝撃だったと思います。少なくとも私はそうでした。手で文字を書くことが，キーボードを叩くことが文章を書くことだったのに，「話す」ことが「書く」ことになる時代が来るなんて。**書くことと，手を使うことはイコールではな**[*9]**い**ということが分かったのですから。

　私は，散歩している時などに思いついたことがあったら，iPhone のメモアプリを開いて，音声入力でどんどん文章にして書いてしまいます[*10]。散歩から帰って MacBook Air を開くと，先ほど iPhone のメモアプリで書いた文章が，MacBook Air のメモアプリ上に同期されています。そこで，多少の加筆修正の校正をすれば，簡単な文章は完成してしまいます。

　また，この音声入力は，**子供の作文へのコメント**の時に非常に便利です。キーボードで打つよりも実に早いですか

ら。

　ただ，頭の中で文章を作ることが苦手な人は，使いにく
いかもしれません。また，「えー」とか「あー」とかを言
わないと話すことができない人にも，厳しいかもしれませ
ん。しかし，逆に考えれば，頭で文章を作る訓練にもなり
ますし，本来「えー」とか「あー」とかを言わない方が聞
き取りやすい話し方になりますので，音声入力は，そのた
めの訓練になるかもしれません。

校正

　校正は，他人にしてもらうことが一番です。それは，対
策編のp.116にも書きました。しかし，それが難しいので，
なんとか他人の視点を自分でもてるように校正をする方法
について紹介しました。

　ですが，これもなかなか大変です。以下の文章を読んで
みてください。

＊8　Googleドキュメントでは，「ツール」→「音声入力」と選び，マイクの
　　アイコンをクリックすると使えます。本書でも音声入力の項目は，音声入
　　力で書いてから校正しています。

＊9　音声入力の変換の精度は，私の声と話し方にとっては，Appleが2022年
　　秋の段階ではやや高いように思います。何の音声入力の変換エンジンが自
　　分の話し方に合っているのかは，いろいろ使ってみるといいと思います。

＊10　Apple Watchでもメモアプリが機能してくれればいいのですが，今のと
　　ころできていません。そこで，DraftsというアプリをApple Watchに入
　　れています。これだと，Apple Watchに話しかけると，iPhone上で同期
　　してくれます。これも便利です。

＊11　fillerと言い，話し言葉の中に挟まれる，意味のない音のことを言いま
　　す。

こんちには みさなん おんげき ですか？

わしたは げんき です。この ぶんょしう は いりぎ
す の ケブンッリジ だがいくの けゅきんう の けっ
か にんげんは もじ を にしんき する とき その さ
しいょ と さいご の もさじえ あいてっれば じばん
ゅん は めくちゃちゃ でもちんゃと よめる とい
う けゅきんう に もづいとて わざと もじの じんば
ゅん を いかれえて あまりす。

どでうす？　ちんゃと よゃちめう でしょ？

ちんゃと よためら はのんう よしろく！

これは，インターネット上で投稿され，話題になった文
章です。正しい言葉遣いになっていませんが，読めてしま
いませんか？　人間の脳はこのように間違った文章でも修
正しながら読んでしまうのです。タイポグリセミアという
現象です。これがあるので，文章にある間違いの発見は実
に難しいわけです。

しかし，ICT を活用すると実に簡単に行うことができ
ます。Google ドキュメントの校正機能はすでに紹介しま
した。他にも優れた校正機能をもった，しかも無料のサイ
トがインターネット上にあります。子供たちに目的に応じ
て使うことを勧めてみてはいかがでしょうか。

①漢字使用率チェッカー

日本語の文章で，漢字はどのぐらいの割合が

読みやすいかというと，3割程度の出現率と言われています。自分が書いている文章に漢字は何割ぐらい使われているのかを確認することができます。

②文章推敲支援ツール

表現の重複，接続詞，代名詞・連体詞，括弧などについて，使われ方を示してくれます。その結果を見て必要に応じて調整します。

③ Enno

明らかな文章のミスの他に，助詞の使い方に対して【改善】の推奨をしてくれたり，口語表現などカジュアルな言い方についても指摘してくれます。

④文章校正ツール（so-zou.jp）

二重否定表現，冗長表現などのチェックの他，不快語（使用不適切な語や隠語など）[14]についてもチェックしてくれます。

⑤ AI テキストマイニング

文章の中にある重要と判断される単語をスコアで示し，その重要度に応じて文字を大きく表すワードクラウド。「名詞」に係る「形容詞」「動詞」「名詞」の係り受けの分析。文章の中にある感情の比率はどのようになっているのかを示すポジネガや感情。さらには，ポジネガや

---

*12 「ニコニコ大百科（仮）」によると，「2009年5月8日に，2ちゃんねるに投下されたコピペ」とのことです。
*13 アイデア編 p.187
*14 たとえば，「盲目的」という言葉は，「分別を欠く」という言葉が言い換え候補として示されます。

感情が文章の中でどのように推移しているのかまでも分析してくれます。

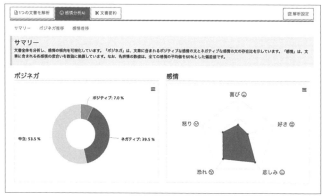

※ユーザーローカル AI テキストマイニングによる分析
(https://textmining.userlocal.jp)

このように，文章を分析して校正の手伝いをしてくれるものは，たくさんあります。使わないと実にもったいないと思います。

完成したら，共同編集して電子ブックに

校正も終わり，体育大会の文章は完成しました。プリントアウトして書き込み回覧作文もしました。それだけでもいいのですが，文章がデータとして残っているのであれば，ぜひ，共同編集をして電子ブックとしてまとめておきたいものです。

共同編集

この共同編集という機能は，ある種の革命だと思ってい

ます。1つのドキュメント（文章）に同時に複数の書き手が書き込むことができます。1枚の模造紙上に，同時に何人かが書き込みするイメージです。これがオンラインで繋がった複数のディバイスの画面上でできるのですから。ここでは，Google ドキュメントを使った方法を紹介します。

【方法】
① Google ドキュメントの右上にある，青い「共有」アイコンをクリックする。
②一般的なアクセスの箇所で，「リンクを知っている全員」にする。
③役割を「編集者」に設定する。
④「リンクをコピー」をクリックして，リンクを獲得し，完了をクリックする。
⑤リンクを，参加する子供に知らせる。

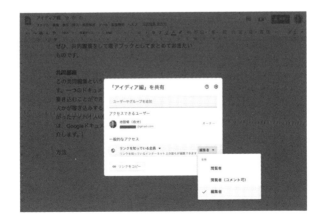

これでリンクを知っている子供は，1つのドキュメントに複数人で同時に，書き込みや編集をすることができるようになります。あっという間に文集の原稿が集まります。あとはレイアウトを整えるだけです。

共同編集の注意点

　ただし，1つ大切な注意点があります。**共同編集では，自分の文章だけでなく，他の人の文章も編集できます。つまり，削除もできてしまいます。**故意ではなくても，何かの拍子や操作ミスで他の人の文章を消してしまうことがあります。これは大きなトラブルです。これを防ぎましょう。

　共同編集をする時は，その共同のドキュメントに直接書き込むのではなく，**自分のディバイスで書いて保存してあるものをコピー＆ペーストすること**と指導します。これならば，仮に共同編集上の文章が全て消えてしまったとしても，自分のディバイスにある文章を，もう一度コピー＆ペーストすることで解決します。[*15]

電子ブックにする

　電子ブックの定義は，紙に印刷されたものではなく，画面で読む本や雑誌です。いろいろな機能をつけることもできますが，まずは，お手軽なものから始めるといいと思います。

　一番お手軽なものは，共同編集で完成したドキュメントを使うことです。[*16]

【方法】

①共同編集の「役割」のところを，「編集者」から「閲覧者」に変更する。

②リンクをコピーして，読み手に知らせる。

これだけです。実に簡単です。

しかし，このリンクさえ知っていれば，子供たちのみならず，保護者に配付するのも実に簡単です。[17]「閲覧者（コメント可)」にすれば，メッセージももらえるでしょう。

DTP にも挑戦する

DTP とは，DeskTop Publishing の頭文字を取ったものです。画面上で文章のレイアウトを整えることです。伝えたいことをより効果的に伝えるために行います。

フォントの種類や大きさを変える，一部分を縦書きにする，テキストの色を変えるなどをするだけでも随分と印象は変わります。

しかし，せっかくの電子ブックです。さらに加工しませ

---

*15　教師の方で，適宜，ドキュメントの「ファイル」→「ダウンロード」を選んで，Microsoft Word（.docx）形式などで，教師のディバイスにダウンロードしてバックアップをとっておくことも，1つの有効な対策です。

*16　PDF にするとか，.epub 形式にダウンロードして，本格的な電子ブックにするなどもできます。

*17　簡単なだけに，個人情報の保護は配慮するといいでしょう。たとえば，本名は載せずに出席番号だけにするとか，本人の申請によるニックネームで掲載するなどです。

んか。著作権に配慮をして，写真を入れる，動画を入れる，BGM を入れるなども可能です。体育大会の写真，動画を組み込むことも可能なのです。

　自分の作文を読み上げたものを録音し，それを作文のところに，mp 3 などのデータにして貼り付けておくこともできます。中学校 1 年生でやれば，声変わり前の子供たちの声が残る文集が簡単にできるでしょう。

　ぜひ，子供たちと一緒に，記念に残る電子ブックの文集を作成してください。*18*19

Point

　キーボードのタッチタイプを丁寧に指導することが大事です。ここができれば，子供は教師の予想を超えた活動を始めていくでしょう。ディバイスはそれを可能にします。

---

*18　もう 1 つドキュメントを作っておいて，そこには，個人の文章を載せ続けます。卒業の時には，個人文集ができてしまいます。

*19　2022 年度の 1 回生ゼミでは，Google スライドの共同編集を活用して，「ジブリ間違い探し」（スタジオジブリが公開している場面写真を活用した間違い探し）を作成しました。

おわりに

大きなニュース

　本書を書き上げようとするあたりで，大きなニュースが飛び込んできました。"Imagen" という Google が開発した画像生成プログラムのニュースです。このプログラムでは，短い文章を与えると，そこから画像を作り出してくれるというのです。今のところ倫理的な基準をクリアしていないとのことから，公開されてはいません。しかし，クリアするのは時間の問題でしょう。[*1]

　また，文章から絵が描けるということは，絵から文章が書けるということでもあります。『改訂新版　書く技術・伝える技術』の著者であり，人工知能を研究している倉島保美さんは，「それは，可能です」と言われています。

　絵を描く，文章を書くということは，高度でかつ複雑で知的な作業であり，これは人工知能が担うことは難しいとされてきたものです。しかし，2022年2月には，人工知能と共同で書いた小説が「星新一賞」で入選したり，人工知能で描いた絵画がコンテストで入賞したり[*3]と[*2]

＊1　"Imagen" https://imagen.research.google
＊2　「文学賞「星新一賞」で "AIと作った小説" が初入選　人間以外の作品が応募の4％に増加」（ITmedia NEWS，2022年2月18日公開）
＊3　「AI作品が絵画コンテストで優勝，アーティストから不満噴出」（CNN.co.jp，2022年9月8日公開）

（おいおい，話が違うじゃん）

という状況になってきたのでしょうか。

書くことの指導を続けて

本書は，私が中学校の国語科の教師になった1987年から始めた作文の指導の実際例をもとに書きました。そして，大学の教員として作文の書き方の指導方法で教えている内容，さらには教員免許更新講習で行ってきたことを付け加えて書き進めてきました。

この生徒と学生と先生に共通していることは何でしょうか。あるのです，共通していることが2つ。それは，文章を書くのが苦手ということと，文章の書き方の指導を受けたことがないということです。私の教員生活も35年になりますが，この事実は実は全く変わっていません。

そうではありますが，私自身は，子供が私に突きつけてくれる「わかりません」「書けません」という問題を受け止め，（うっシャア。んじゃあ，書けるようにしたろうじゃないかい！）と少しずつ，1987年から試行錯誤し，創意工夫してきました。作文の指導を受けたことはありませんが，作文が書けた国語科教員としては，やるしかないと。

実践は，簡単にはうまくいきません。簡単にうまくいくときは，運が良かったか，その問題が大したことなかったかのどちらかでしょう。そういう意味では，本書には書いていませんが，この実践には，私の嘆きとため息も一緒にあったと言っていいと思います。

しかし，書くことは義務教育段階までに万人が身につけるべき力だと考え，その書く力を子供たちにプレゼントしたいと思いながら，ある種の問題解決型学習[*5]をしながら，指導を進めてきました。

「先生，書けました」

「先生，書けるようになりました」

「先生，書けるって楽しいですね」

「先生，書けるって嬉しいですね」

「先生，もう大丈夫。書けます」

「先生，早く新学期が始まってほしいです。早く作文の指導をしたいです」

　書き終えた時，指導を受けた後，子供や学生や先生たちは，こんなことを言ってくれました。「しっかり書いてね」の指示だけで書けるようになっていました。書くことはしんどく，大変なことです。とても頭を使います。疲れます。しかし，書くことを喜ぶ学習者が増えたことは，とても嬉しいことです。彼らの喜びは，私の喜びでもありました。

　また，指導の過程で驚くような嬉しいニュースも聞きました。大谷翔平選手が書いていた目標達成シートは，名前

---

*4　ああ，『ど根性ガエル』の町田先生よりも，10年も多く教師をやっています (^^)。

*5　教師の仕事は，子供の抱えている問題を指導の課題と捉えて，解決していく問題解決型学習の側面が大いにあると私は考えています。極めてクリエイティブな仕事なのです。

こそ違いますが，イメージの花火かなと思いました[*6]。

　さらに，中学の卒業生と同窓会で会った時，「あの作文の指導は今でもとても感謝しています。イメージの花火は現役で使っています」とか言われましたし，今年は「池田先生，私，中学生の時に，池田先生に大学の時にご指導を受けた○○先生に，イメージの花火を習っていました」と大学の特別活動論の授業の後に，衝撃の告白を受けました(^^)。

　すこーしずつ，書くことの指導が広がってきているのかもしれません。そうだとしたら，本当に嬉しいです。

書くということは，主体的ということ

　本書は，子供たちが，体験作文を書けるようになること，さらに仲間との交流を促す作文指導がなされることを願って書いてきました。

　「おわりに」の冒頭で述べたように，人工知能は，これから書くということをまた大きく変えていくでしょう。それは音声入力で文章を書くのとは，また違う次元の大きな革命ではないかと思います。

　ただ，それは今のところ，私が考える文章を書くとは違う気がしています。それは，「文章を書く」ではなく，「文章ができる」ではないかと思うのです。なぜなら，そこには圧倒的に考えるという営みが少ないからです。

　文章を書くという主体は，あくまでもその人にあります。人間にあります。誰かに書かされるのではなく，人工知能

に振り回されるのではなく，書こうと思い，考えた人が書くのです。感じたこと，体験したこと，考えたことを書くのです。残したい，伝えたいと思って書くのです。

　ただし，本書で示した通り，書けるようになるためには，書くための知識と技術を知り，書く時に仲間のサポートを受け，考えて書く練習が必要になります。これらの指導を受け，さらに ICT や人工知能を活用することで，私が子供の頃には想像もつかない素晴らしい文章が，子供たちから生まれてくることでしょう。実に楽しみです。

　本書が，主体的に書こうとする子供たちを助ける1冊になっているとすれば，望外の喜びです。

　2023年1月

還暦を迎えて　池田　修

＊6　因みに，大谷選手と私は誕生日が同じです（^^）。

207

【著者紹介】

池田　修（いけだ　おさむ）

京都橘大学発達教育学部教授。

公立中学校教員を経て現職。「国語科を実技教科にしたい，学級を楽しくしたい」をキーワードに研究・教育を行う。恐怖を刺激する学習ではなく，子どもの興味を刺激し，その結果を構成する学びに着目している。国語科教育法，学級担任論，特別活動論，教育とICT，教職入門などの授業を担当している。

単著に，『子供の「困った発言」に5秒で返す　教師の切り返し』『スペシャリスト直伝！中学校国語科授業成功の極意』（以上明治図書），『中等教育におけるディベートの研究』（大学図書出版），『新版　教師になるということ』（学陽書房）など。

また，PISA問題作成委員，NHK教育テレビ「テストの花道」監修，未来の教室教育コーチなどを歴任。中学校国語科教科書「新しい国語」（東京書籍）編集委員，NPO法人「明日の教室」理事などを務める。趣味は，料理とカメラとハンモック。

作文指導を変える
つまずきの本質から迫る実践法

2023年3月初版第1刷刊　Ⓒ著　者　池　田　　　　修

発行者　藤　原　光　政

発行所　明治図書出版株式会社
http://www.meijitosho.co.jp
（企画）大江文武　（校正）大江文武・高梨修

〒114-0023　東京都北区滝野川7-46-1
振替00160-5-151318　電話03（5907）6702
ご注文窓口　電話03（5907）6668

＊検印省略

組版所　株式会社アイデスク

Printed in Japan　　　　　ISBN978-4-18-283210-9
もれなくクーポンがもらえる！読者アンケートはこちらから →